LE VRAY TARIF.

PAR LEQUEL

on peut avec une grande facilité faire toutes sortes de Comptes,

POUR SERVIR A TOUS Marchands qui negocient en Or & en Argent, au poids de Marc de huit Onces: & pour les Canes de huit pans.

Par CLAUDE NAULOT, Marchand de Lyon.

A LYON,
Aux dépens de l'Auteur: & se vend chez luy à la Place des Terreaux à l'Enseigne du Sauvage.

―――――

M. DC. LXXXI.
AVEC PRIVILEGE DU ROY.

Privilege du Roy.

LOUIS PAR LA GRACE DE DIEU ROY DE FRANCE ET DE NAVARRE, Dauphin de Viennois, Comte de Valentinois, & Dioys, Provence, Forcalquier & Terres adjacentes ; A nos amez & feaux Conseillers les gens tenans nos Cours de Parlement, Maîtres des Requêtes ordinaires de nôtre Hôtel, Conseillers de nôtre grand Conseil, Prevosts de Paris, Baillifs Senechaux ou leurs Lieutenans Civils, & autres nos Justiciers & Officiers qu'il appartiendra SALUT, nostre amé CLAUDE NAULOT Marchand de nostre bonne Ville de Lyon, nous a fait remontrer que par son grand âge, & le long temps qu'il se mesle du Negoce, il croit s'y estre acquis quelque experience; Ce qui l'a porté pour l'utilité publique à composer un Livre intitulé LE VRAY TARIF. *Par lequel l'on peut avec grande facilité faire toutes sortes de comptes pour servir à tous Marchands Negocians en or & en argent au poids de marc de huit onces, & en drap d'Or, d'Argent & de Soye, comme aussi en toutes sortes d'autres Marchandises à l'aune ou à autres mesures, & qui se fabriquent à divers poids tant au quintal qu'à la livre, divisé en deux parties,* lequel Livre il desiroit faire Imprimer, comme tres necessaire; & ne pouvant ledit Suppliant faire faire ladite Impression sans Nôtre Autorité, il nous a tres-humblement fait supplier lui vouloir octroyer nos Lettres de Privilege sur ce necessaires. A CES CAUSES, voulant favorablement traiter le Suppliant, Nous luy avons de nôtre grace speciale permis & accordé, permettons & accordons par ces presentes de faire Imprimer, vêdre & distribuer ledit Livre avec son titre tel qu'il est cy-dessus exprimé, & en telle marge, caractere, en un ou plusieurs volumes & en feüilles particulieres pour la commodité publique & autant de fois, & en tels lieux & endroits de nôtre Royaume que bon luy semblera pendant le temps de six années, à commencer du jour qu'il sera achevé d'Imprimer, faisons deffences à tous Libraires, Imprimeurs & autres de quelque qualité & condition qu'ils soient d'Imprimer ou faire Imprimer, vendre & debiter ledit Livre sous quelque pretexte que ce soit, changement de titre, Extrait, augmentation, correction par autres Auteurs, Reimpression d'anciens Livres, Impressions estrangeres, ou autrement, en façon quelconque, sans le consentement exprès du Suppliant ou de ces ayant cause, à peine de confiscation des exemplaires côtrefaits, & de trois mille livres d'amandes, applicables moitié au Supliant & l'autre moitié à l'Hopital General de nôtre dite Ville de Paris. Au payement de laquelle ils seront contraints en vertu des presentes, à la charge de mettre deux exemplaires dudit Livre en nôtre Bibliotheque, un en nôtre cabinet des livres en nôtre Chasteau du Louvre, & un en celle de nostre tres-cher & Feal Chevalier Chancelier de France le sieur Le Tellier, avât que de l'Exposer en vente, à peyne de Nullité des presentes du contenu, ausquelles vous mandons & enjoignons faire joüir le Suppliant & ces ayans cause, plainement & paisiblement; cessant & faisant cesser tous troubles & empéchemens au contraire. Voulons qu'en mettant au commancement ou à la fin dudit Livre copie ou Extrait des presentes, elles soient tenuës pour deuëment signifiées, & qu'aux copies collationées par l'un de nos amez & feaux Conseillers Secretaires, foy soit ajoûtée comme à l'Original.

Commandons au premier nôtre Huissier ou Sergent faire pour l'execution des Presentes & dependences, toutes significations, deffences, saisies & autres actes & exploits requis & necessaires, sans demander autre permission, nonobstant clameur & haro, Chartre Normande & autres lettres à ce contraires; CAR TEL EST NÔTRE PLAISIR. Donné à Paris le premier jour de May l'An de grace mil six cens quatre vingt-un, & de nôtre Regne le trente huitiéme.

Par le Roy en son Conseil
REINCE.

Registré sur le livre de la Communauté des Libraires & Imprimeurs de Paris le troisiéme May 1681. suivant l'Arrest du Parlement du 8. Avril 1653. & celuy du Conseil privé du Roy du 27. Fevrier 1665. signé C. ANGOT *Syndic.*

Achevé d'Imprimer pour la premiere fois le premier Juin 1681.

Les Exemplaires ont été fournis.

INSTRVCTION DV TARIF.

Vous obferverez que toutes les pages dépuis la premiere jufques à la derniere, font marquées du prix de la valeur du Marc des Onces & des Deniers. La premiere page commence le marc à l. 1. 5. & à l. 1. 15. finiffant à la derniere page, le Marc à l. 52. 10. augmentant le prix de 10. f. par Marc dépuis le premier feüillet jufqu'au dernier; Et fi vous avez affaire deplus grande fomme que je n'ay marqué les prix, vous n'aurez qu'à doubler.

Dans châque page il y a 2. colomnes, l'une defquelles commence par 300. marcs, diminuant de 10. à 10. marcs, jufques à 20. marcs, & dépuis 20. jufques à 1. marc, diminuant un à un, jufqu'à la derniere ligne qui eft 1. marc. L'autre colomne eft pour les onces & pour les deniers partie du marc, laquelle commence par 7. onces, diminuant jufques à 1. once. Les deniers font enfuite dans la même colomne & commence par 23. deniers, diminuant jufques au bas de ladite colomne un à un. La derniere ligne finit par demi denier. Les fommes où la valeur des marcs des onces & des deniers font tirées dehors jufques à la valeur du demi denier pefant, le tout avec ordre.

A
MADEMOISELLE ***

ADEMOISELLE,

Voicy l'effet de la promesse où vous m'avés engagé depuis si long-temps. C'est un sujet qui demandoit une personne plus éclairée que moy; mais afin que vous connussiés encor plus clairement les empressemens que j'ay pour tout ce qui vous touche, j'ay voulu faire part au Public de l'estime que vous avez conçuë pour moy, en rendant commun ce que je ne destinois que pour vôtre particulier. Mon dessein dans ce petit Ouvrage n'est pas de vous fournir de nouvelles lumieres; car tous ceux qui ont l'honneur de vous connoître, sçavent avec quelle facilité vous vous tirés des affaires qui sont inseparables du negoce que vous faites : mais le seul but que je me suis proposé, est de vous soulager tant soit peu, & de vous donner moins de fatigue. Ayant l'honneur de vous être amy, je suis obligé d'entrer dans vos interests, & de vous faire voir dans toutes les occasions qui se presenteront de vous servir, que je suis sincerement & avec respect,

MADEMOISELLE,

Vôtre tres-humble & tres-obeïssant. Serviteur C. N.

PREMIER EXEMPLE.
A 35.l.10.s. le Marc.

Combien valent 15. Marcs, pour le sçavoir, voyez le feüillet à 35.l. 10.s. le Marc, vous y trouverez au bout de la ligne où est 15. Marcs la valeur qui est 532.l.10.s.

Mais si au lieu de 15. Marcs, il y avoit 65. Marcs, ayant déja fait pour 15. Marcs, vous ferez pour 50. Marcs & vous trouverez au même feüillet à 35.l. 10.s. que lesdits 50. Marcs valent 1775.l.

Et y ajoûtant la valeur de 15. Mars qui est 532.l. 10.s. vous trouverez que lesdites 65. Mars à 35.l.10. valent 2307. livres 10.s. comme vous voyez cy-bas.

50. Mars à 35.l. 10.s. valent · 1775.l.—
15. Mars à 35.l. 10.s. valent —— 532.l.10

      le tout montent——2307.l.10

Quand il se trouvera des Onces & des Deniers ou Gros avec des Marcs, vous ferez le compte comme vous avez fait cy-dessus, puis vous ferez pour les Onces, & finallement pour les Deniers ou Gros, chacun appart suivant le prix du Marc, comme par exemple.

A 45.l. le Marcs.

Conbien valent 18. Marcs 5. Onces

16. deniers, pour le sçavoir voyez le fuillet à 45.l. le Marc, à la premiere colomne, vous y trouverez au bout de la ligne ou est 18. Marcs la valeur qui est 810.l. pour les 5. onces, voyez à la seconde colomne du mesme fuillet, vous y trouverez au bout de la ligne ou est 5. onces la valeur qui est 28.l.2.s.6.d.

Et pour les 16.d. voyez plus bas à la mesme colomne, vous y trouverez au bout de la ligne ou est 16.d. la valeur qui est 3.l. 14.s. 11.d. toutes ces parties jointes ensemble, vous trouverez que le tout montera 841.l. 17.s. 5.d. comme vous voyez cy-bas.

18. Marcs à 45.l. valent -- 810.l. -- s. --
  5. Onces valent -- -- 28.l.2.s. 6.
16. Deniers valent -- -- 3.l.14.s.11.
                         841.l.17.s. 5.

Quand vous ne trouverez pas dans ce livre le prix que vous demanderez, faite le en 2. fois comme. A 58.l. le Marc.

Combien valent 16. Marcs, pour le sçavoir, voyez premierement le fuillet à 50.l. vous y trouverez que 16. Marcs valent.   800.l.
& au fuillet à 8.l. le Marc
16. Marcs valent   128.l.
16. Marcs à 58.l. valent   928.l.

A 36.l. 10.f. le Marc.

Combien valent 6. onces 15.d. ou 5. gros, pour le sçavoir voyez le feüillet à 36.l. 10.f. le Marc, vous y trouverez au bout de la ligne ou est 6. onces la valeur qui est 27.l.7.f.6.d.

Pour les 15. d. voyez à la mesme colóne en deffendant, vous y trouverez la valeur qui est 2.l. 16.f. 11.d. ces deux parties étant jointes ensemble vous trouverez que le tout montera 30.l. 4.f. 5.d.

A 4.l. 15.f. l'Once. ou à 38.l. le Marc.

Combien valent 5. onces 15.d. ou 5. gros pour le sçavoir, voyez le fezillet à 4.l. 15.f. l'once, vous y trouverez à la colomne des onces que 5. onces valent   23.l.15.f.

15.d. valent   2.l.19.f.4:

lesdites 5. onces 15.d. valent 26.l.14.f.4.

A 31.l. 7.f. 6.d. le Marc.

Combien valent 40. Marcs 3. onces argent fin en un lingot, pour le sçavoir voyez en premier lieu au feüllet à 31.l. vous y trouverez au bout de la ligne ou est 40. la valeur qui est 1240 l. & à la mesme page, voyez au bout de la ligne ou est 3. onces, vous y trouverez la valeur qui est 11.l.12.f.6.d.

Pour les 7.f. 6.d. voyez au feüillet

à 7.f.6.d. vous y trouverez comme deſſus au bout de la ligne ou eſt 40. marcs la valeur qui eſt 15.l. pour les 3. onces voyez au bout de la ligne ou eſt 3. onces, vous y trouverez la valeur qui eſt 2.f. 9.d. adjouſtez toutes ces parties enſemble, vous trouverez que le tout moutera 1266.l.15.f. d.

Les feüillets qui ſont marquez fractions de ſix prix differens ſervent pour faire les comptes des fractions ou rompus du Marc de l'Or ou de l'Argent depuis 8. onces juſques à demi deniers en deſſendant à quel pris que ſe ſoit le prix du Marc, comme par exemple.

A 32.l. 17.f. 6.d. *le Marc.*

Combien valent 3. onces 5.d. & demi pour le ſçavoir voyez le feüillet des fractions de 6. prix differens, à 32.l.17.f.6. vous y trouverez que

2. Onces valent	8.l. 4.f. 4.d.
1. Onces vaut	4.l. 2.f. 2.d.
—Once 3.d. valent	10.f. 3.d.
—Once 2.d. valent	6.f. 10.d.
—Once—demi denier vaut	1.f. 7.d.
3. Onces 5.d. & demi valet	13.l. 5.f. 2.d.

A 1.ſ. 3.d. le Marc & l'Once à 1.d.

2 Marc		2ſ	6 d	31	1l 18ſ	9
3 Marc		3ſ	9 d	32	2l —ſ	—
4 Marc		5ſ	— d	33	2l 1ſ	3
5 Marc		6ſ	3 d	34	2l 2ſ	6
6 Marc		7ſ	6 d	35	2l 3ſ	9
7 Marc		8ſ	9 d	36	2l 5ſ	—
8 Marc		10ſ	— d	37	2l 6ſ	3
9 Marc		11ſ	3 d	38	2l 7ſ	6
10 Marc		12ſ	6 d	39	2l 8ſ	9
11 Marc		13ſ	9 d	40	2l 10ſ	—
12 Marc		15ſ	— d	50	3l 2ſ	6
13 Marc		16ſ	3 d	60	3l 15ſ	—
14 Marc		17ſ	6 d	70	4l 7ſ	6
15 Marc		18ſ	9 d	80	5l —ſ	—
16 Marc	1l	—ſ	— d	90	5l 12ſ	6
17 Marc	1l	1ſ	3 d	100	6l 5ſ	
18 Marc	1l	2ſ	6 d	200	12l 10ſ	
19 Marc	1l	3ſ	9 d	300	18l 15ſ	
20 Marc	1l	5ſ	— d	7 onces	1l 1ſ	1
21 Marc	1l	6ſ	3 d	6 onces	1l —ſ	11
22 Marc	1l	7ſ	6 d	5 onces	1l —ſ	9
23 Marc	1l	8ſ	9 d	4 onces	1l —ſ	7
24 Marc	1l	10ſ	— d	3 onces	1l —ſ	5
25 Marc	1l	11ſ	3 d	2 onces	1l —ſ	3
26 Marc	1l	12ſ	6 d	1 onces	1l —ſ	1
27 Marc	1l	13ſ	9 d	12 den.	1l —ſ	
28 Marc	1l	15ſ	— d	6 den.	1l —ſ	
29 Marc	1l	16ſ	3 d	3 den.	1l —ſ	
30 Marc	1l	17ſ	6 d	1 den.	1l —ſ	

A 2.ſ.6.d. le Marc & l'Once à 3.d.

2 Marc	5 ſ — d	31	3 l 17 ſ 6
3 Marc	7 ſ 6 d	32	4 l — ſ —
4 Marc	10 ſ — d	33	4 l 2 ſ 6
5 Marc	12 ſ 6 d	34	4 l 5 ſ —
6 Marc	15 ſ — d	35	4 l 7 ſ 6
7 Marc	17 ſ 6 d	36	4 l 10 ſ —
8 Marc	1 l — ſ — d	37	4 l 12 ſ 6
9 Marc	1 l 2 ſ 6 d	38	4 l 15 ſ —
10 Marc	1 l 5 ſ — d	39	4 l 17 ſ 6
11 Marc	1 l 7 ſ 6 d	40	5 l — ſ —
12 Marc	1 l 10 ſ — d	50	6 l 5 ſ
13 Marc	1 l 12 ſ 6 d	60	7 l 10 ſ
14 Marc	1 l 15 ſ — d	70	8 l 15 ſ
15 Marc	1 l 17 ſ 6 d	80.	10 l — ſ
16 Marc	2 l — ſ — d	90.	11 l 5 ſ
17 Marc	2 l 1 ſ 6 d	100.	12 l 10 ſ
18 Marc	2 l 5 ſ — d	200:	25 l — ſ
19 Marc	2 l 7 ſ 6 d	300.	37 l 10 ſ
20 Marc	2 l 10 ſ — d	7 onces	1 l 2 ſ 2
21 Marc	2 l 12 ſ 6 d	6 onces	1 l 1 ſ 10
22 Marc	2 l 15 ſ — d	5 onces	1 l 1 ſ 6
23 Marc	2 l 17 ſ 6 d	4 onces	1 l 1 ſ 3
24 Marc	3 l — ſ — d	3 onces	1 l ſ 12
25 Marc	3 l 2 ſ 6 d	2 onces	1 l ſ 7
26 Marc	3 l 5 ſ — d	1 once.	1 l ſ 3
27 Marc	3 l 7 ſ 6 d	12. den.	1 l ſ 1
28 Marc	3 l 10 ſ — d	6. den.	1 l ſ
29 Marc	3 l 12 ſ 6 d	3. den.	1 l ſ
30 Marc	3 l 15 ſ — d	1. den.	1 l ſ

A 5 ſ. le Marc, & l'Once à 7 d.

2 Marc	10 ſ	31	7 l	15 ſ
3 Marc	1 l 5 ſ	32	8 l	— ſ
4 Marc	1 l — ſ	33	8 l	5 ſ
5 Marc	1 l 5 ſ	34	8 l	10 ſ
6 Marc	1 l 10 ſ	35	8 l	15 ſ
7 Marc	1 l 15 ſ	36	9 l	— ſ
8 Marc	2 l — ſ	37	9 l	5 ſ
9 Marc	2 l 5 ſ	38	9 l	10 ſ
10 Marc	2 l 10 ſ	39	9 l	15 ſ
11 Marc	2 l 15 ſ	40	10 l	— ſ
12 Marc	3 l — ſ	50	12 l	10 ſ
13 Marc	3 l 5 ſ	60	15 l	— ſ
14 Marc	3 l 10 ſ	70	17 l	10 ſ
15 Marc	3 l 15 ſ	80	20 l	— ſ
16 Marc	4 l — ſ	90	22 l	10 ſ
17 Marc	4 l 5 ſ	100	25 l	— ſ
18 Marc	4 l 10 ſ	200	50 l	— ſ
19 Marc	4 l 15 ſ	300	75 l	— ſ
20 Marc	5 l — ſ	7 onces	l 4 ſ	4
21 Marc	5 l 5 ſ	6 onces	l 3 ſ	9
22 Marc	5 l 10 ſ	5 onces	l 3 ſ	1
23 Marc	5 l 15 ſ	4 onces	l 2 ſ	6
24 Marc	6 l — ſ	3 onces	l 1 ſ	10
25 Marc	6 l 5 ſ	2 onces	l 1 ſ	3
26 Marc	6 l 10 ſ	1 onces	l ſ	7
27 Marc	6 l 15 ſ	12. den.	l ſ	3
28 Marc	7 l — ſ	6. den.	l ſ	2
29 Marc	7 l 5 ſ	3. den.	l ſ —
30 Marc	7 l 10 ſ	1. den.	l ſ —

A 7 ſ 6 d le Marc & l'Once à 11 d

2 Marc	— l	15 ſ	— d	31	11 l	12 ſ	6
3 Marc	1 l	2 ſ	6 d	32	12 l	— ſ	—
4 Marc	1 l	10 ſ	— d	33	12 l	7 ſ	6
5 Marc	1 l	17 ſ	6 d	34	12 l	15 ſ	—
6 Marc	2 l	5 ſ	— d	35	13 l	2 ſ	6
7 Marc	2 l	12 ſ	6 d	36	13 l	10 ſ	—
8 Marc	3 l	— ſ	— d	37	13 l	17 ſ	6
9 Marc	3 l	7 ſ	6 d	38	14 l	5 ſ	—
10 Marc	3 l	15 ſ	— d	39	14 l	12 ſ	6
11 Marc	4 l	2 ſ	6 d	40	15 l	— ſ	—
12 Marc	4 l	10 ſ	— d	50	18 l	15 ſ	—
13 Marc	4 l	17 ſ	6 d	60	22 l	10 ſ	—
14 Marc	5 l	5 ſ	— d	70	26 l	5 ſ	—
15 Marc	5 l	12 ſ	6 d	80	30 l	— ſ	—
16 Marc	6 l	— ſ	— d	90	33 l	15 ſ	—
17 Marc	6 l	7 ſ	6 d	100	37 l	10 ſ	—
18 Marc	6 l	15 ſ	— d	200	75 l	— ſ	—
19 Marc	7 l	2 ſ	6 p	300	112 l	10 ſ	—
20 Marc	7 l	10 ſ	— d	7 onces	l	6 ſ	6
21 Marc	7 l	17 ſ	6 d	6 onces	l	5 ſ	7
22 Marc	8 l	5 ſ	— d	5 onces	l	4 ſ	8
23 Marc	8 l	12 ſ	6 d	4 onces	l	3 ſ	9
24 Marc	9 l	— ſ	— d	3 onces	l	2 ſ	9
25 Marc	9 l	7 ſ	6 d	2 onces	l	1 ſ	10
26 Marc	9 l	15 ſ	— d	1 once	l	— ſ	11
27 Marc	10 l	2 ſ	6 d	12. den.	l	— ſ	5
28 Marc	10 l	10 ſ	— d	6. den.	l	— ſ	2
29 Marc	10 l	17 ſ	6 d	3. den.	l	— ſ	1
30 Marc	11 l	5 ſ	— d	1. den.		— ſ	—

A 10.ſ. le Marc & l'Once 1.ſ. 3. d							
2 Marc	1 l	— ſ	d	31	15 l	10 ſ	
3 Marc	1 l	10 ſ	d	32	16 l	— ſ	
4 Marc	2 l	— ſ	d	33	16 l	10 ſ	
5 Marc	2 l	10 ſ	d	34	17 l	— ſ	
6 Marc	3 l	— ſ	d	35	17 l	10 ſ	
7 Marc	3 l	10 ſ	d	36	18 l	— ſ	
8 Marc	4 l	— ſ	d	37	18 l	10 ſ	
9 Marc	4 l	10 ſ	d	38	19 l	— ſ	
10 Marc	5 l	— ſ	d	39	19 l	10 ſ	
11 Marc	5 l	10 ſ	d	40	20 l	— ſ	
12 Marc	6 l	— ſ	d	50	25 l	ſ	
13 Marc	6 l	10 ſ	d	60	30 l	ſ	
14 Marc	7 l	— ſ	d	70	35 l	ſ	
15 Marc	7 l	10 ſ	d	80	40 l	ſ	
16 Marc	8 l	— ſ	d	90	45 l	ſ	
17 Marc	8 l	10 ſ	d	100	50 l	ſ	
18 Marc	9 l	— ſ	d	200.	100 l	ſ	
19 Marc	9 l	10 ſ	d	300.	150 l	ſ	
20 Marc	10 l	— ſ	d	7 onces	l	8 ſ	9
21 Marc	10 l	10 ſ	d	6 onces	l	7 ſ	6
22 Marc	11 l	— ſ	d	5 onces	l	6 ſ	3
23 Marc	11 l	10 ſ	d	4 onces	l	5 ſ	—
24 Marc	12 l	— ſ	d	3 onces	l	3 ſ	9
25 Marc	12 l	10 ſ	d	2 onces	l	2 ſ	6
26 Marc	13 l	— ſ	d	1 once	l	1 ſ	3
27 Marc	13 l	10 ſ	d	12. den.	l	— ſ	7
28 Marc	14 l	— ſ	d	6. den.	l	— ſ	3
29 Marc	14 l	10 ſ	d	3. dn.	l	— ſ	1
30 Marc	15 l	— ſ	d	1. den.	l	— ſ	—

A 12 ſ. 6. d. le Marc & l'Once à 1. ſ. 6

2 Marc	1 l 5 ſ — d	31	19 l 7 ſ 6
3 Marc	1 l 17 ſ 6 d	32	20 l — ſ —
4 Marc	2 l 10 ſ — p	33	20 l 12 ſ 6
5 Marc	3 l 2 ſ 6 d	34	21 l 5 ſ —
6 Marc	3 l 15 ſ — d	35	21 l 17 ſ 6
7 Marc	4 l 7 ſ 6 d	36	22 l 10 ſ —
8 Marc	5 l — ſ — d	37	23 l 2 ſ 6
9 Marc	5 l 12 ſ 6 d	38	23 l 15 ſ —
10 Marc	6 l 5 ſ — d	39	24 l 7 ſ 6
11 Marc	6 l 17 ſ 6 d	40	25 l — ſ —
12 Marc	7 l 10 ſ — d	50	31 l 5 ſ
13 Marc	8 l 2 ſ 6 d	60	37 l 10 ſ
14 Marc	8 l 15 ſ — d	70	43 l 15 ſ
15 Marc	9 l 7 ſ 6 d	80	50 l — ſ
16 Marc	10 l — ſ — d	90	56 l 5 ſ
17 Marc	10 l 12 ſ 6 d	100	62 l 10 ſ
18 Marc	11 l 5 ſ — d	200.	125 l — ſ
19 Marc	11 l 17 ſ 6 d	300.	187 l 10 ſ
20 Marc	12 l 10 ſ — d	7 onces	1 l 10 ſ 11
21 Marc	13 l 2 ſ 6 d	6 onces	1 l 9 ſ 4
22 Marc	13 l 15 ſ — d	5 onces	1 l 7 ſ 9
23 Marc	14 l 7 ſ 6 d	4 onces	1 l 6 ſ 3
24 Marc	15 l — ſ — d	3 onces	1 l 4 ſ 8
25 Marc	15 l 12 ſ 6 d	2 onces	1 l 3 ſ 1
26 Marc	16 l 5 ſ — d	1 onces	1 l 1 ſ 6
27 Marc	16 l 17 ſ 6 d	12. den.	1 l — ſ 9
28 Marc	17 l 10 ſ — d	6. den.	— ſ 4
29 Marc	18 l 2 ſ 6 d	3. den.	— ſ 2
30 Marc	18 l 15 ſ — d	1. den.	— ſ 1

A 15.ſ.le Marc & l'Once à 1.ſ.10

2 Marc	1 l 10 ſ	d	31	23 l 5 ſ		
3 Marc	2 l 5 ſ	d	32	24 l — ſ		
4 Marc	3 l — ſ	d	33	24 l 15 ſ		
5 Marc	3 l 15 ſ	d	34	25 l 10 ſ		
6 Marc	4 l 10 ſ	d	35	26 l 5 ſ		
7 Marc	5 l 5 ſ	d	36	27 l — ſ		
8 Marc	6 l — ſ	d	37	27 l 15 ſ		
9 Marc	6 l 15 ſ	d	38	28 l 10 ſ		
10 Marc	7 l 10 ſ	d	39	29 l 5 ſ		
11 Marc	8 l 5 ſ	d	40	30 l — ſ		
12 Marc	9 l — ſ	d	50	37 l 10 ſ		
13 Marc	9 l 15 ſ	d	60	45 l — ſ		
14 Marc	10 l 10 ſ	d	70	52 l 10 ſ		
15 Marc	11 l 5 ſ	d	80	60 l — ſ		
16 Marc	12 l — ſ	d	90	67 l 10 ſ		
17 Marc	12 l 15 ſ	d	100	75 l — ſ		
18 Marc	13 l 10 ſ	d	200.	150 l — ſ		
19 Marc	14 l 5 ſ	d	300.	225 l — ſ		
20 Marc	15 l — ſ	d	7 onces	l 13 ſ	1	
21 Marc	15 l 15 ſ	d	6 onces	l 11 ſ	3	
22 Marc	16 l 10 ſ	d	5 onces	l 9 ſ	4	
23 Marc	17 l 5 ſ	d	4 onces	l 7 ſ	6	
24 Marc	18 l — ſ	d	3 onces	l 5 ſ	7	
25 Marc	18 l 15 ſ	d	2 onces	l 3 ſ	9	
26 Marc	19 l 10 ſ	d	1 onces	l 1 ſ	10	
27 Marc	20 l 5 ſ	d	12. dan.	l — ſ	11	
28 Marc	21 l — ſ	d	6. den.	l — ſ	5	
29 Marc	21 l 15 ſ	d	3. den.	l — ſ	2	
30 Marc	22 l 10 ſ	d	1. den.	l — ſ	1	

A 17 ſ. 6. d. le Marc & l'Once à 2 ſ. 2

2 Marc	1 l 15 ſ — d	31	27 l 2 ſ 6
3 Marc	2 l 12 ſ 6 d	32	28 l — ſ —
4 Marc	3 l 10 ſ — d	33	28 l 17 ſ 6
5 Marc	4 l 7 ſ 6 d	34	29 l 15 ſ —
6 Marc	5 l 5 ſ — d	35	30 l 12 ſ 6
7 Marc	6 l 2 ſ 6 d	36	31 l 10 ſ —
8 Marc	7 l — ſ — d	37	32 l 7 ſ 6
9 Marc	7 l 17 ſ 6 d	38	33 l 5 ſ —
10 Marc	8 l 15 ſ — d	39	34 l 2 ſ 6
11 Marc	9 l 12 ſ 6 d	40	35 l — ſ —
12 Marc	10 l 10 ſ — d	50	43 l 15 ſ
13 Marc	11 l 7 ſ 6 d	60	52 l 10 ſ
14 Marc	12 l 5 ſ — d	70	61 l 5 ſ
15 Marc	13 l 2 ſ 6 d	80	70 l — ſ
16 Marc	14 l — ſ — d	90	78 l 15 ſ
17 Marc	14 l 17 ſ 6 d	100	87 l 10 ſ
18 Marc	15 l 15 ſ — d	200	175 l — ſ
19 Marc	16 l 12 ſ 6 d	300	262 l 10 ſ
20 Marc	17 l 10 ſ — d	7 onces	1 l 15 ſ 3
21 Marc	18 l 7 ſ 6 d	6 onces	1 l 13 ſ 1
22 Marc	19 l 5 ſ — d	5 onces	1 l 10 ſ 11
23 Marc	20 l 2 ſ 6 d	4 onces	1 l 8 ſ 9
24 Marc	21 l — ſ — p	3 onces	1 l 6 ſ 6
25 Marc	21 l 17 ſ 6 d	2 onces	1 l 4 ſ 4
26 Marc	22 l 15 ſ — d	1 once	1 l 2 ſ 2
27 Marc	23 l 12 ſ 6 d	12 den.	1 l 1 ſ 1
28 Marc	24 l 10 ſ — d	6 den.	1 l — ſ 6
29 Marc	25 l 7 ſ 6 d	3 den.	1 l — ſ 3
30 Marc	26 l 5 ſ — d	1 den.	1 l — ſ 1

le Marc à l. 1. 5. ſ. l'Once à l.1. 15.ſ.

300 Marc	l. 375	—	300 M.	l. 525	—
200 Marc	l. 250	—	200 M.	l. 350	—
100 Marc	l. 125	—	100 M.	l. 175	—
90 Marc	l. 112	10	90 M.	l. 157	10
80 Marc	l. 100	—	80 M.	l. 140	—
70 Marc	l. 87	10	70 M.	l. 122	10
60 Marc	l. 75	—	60 M.	l. 105	—
50 Marc	l. 62	10	50 M.	l. 87	10
40 Marc	l. 50	—	40 M.	l. 70	—
30 Marc	l. 37	10	30 M.	l. 52	10
20 Marc	l. 25	—	20 M.	l. 35	—
19 Marc	l. 23	15	19 M.	l. 33	5
18 Marc	l. 22	10	18 M.	l. 31	10
17 Marc	l. 21	5	17 M.	l. 29	15
16 Marc	l. 20	—	16 M.	l. 28	—
15 Marc	l. 18	15	15 M.	l. 26	5
14 Marc	l. 17	10	14 M.	l. 24	10
13 Marc	l. 16	5	13 M.	l. 22	15
12 Marc	l. 15	—	12 M.	l. 21	—
11 Marc	l. 13	15	11 M.	l. 19	5
10 Maac	l. 12	10	10 M.	l. 17	10
9 Marc	l. 11	5	9 M.	l. 15	15
8 Marc	l. 10	—	8 M.	l. 14	—
7 Marc	l. 8	15	7 M.	l. 12	5
6 Marc	l. 7	10	6 M.	l. 10	10
5 Marc	l. 6	5	5 M.	l. 8	15
4 Marc	l. 5	—	4 M.	l. 7	—
3 Marc	l. 3	15	3 M.	l. 5	5
2 Marc	l. 2	10	2 M.	l. 3	10
1 Marc	l. 1	5	1 M.	l. 1	15

A

le Marc à l. 2.		l'Once à l.2. 10.	
300 Marc l. 600	—	300 M. l. 750	—
200 Marc l. 400	—	200 M. l. 500	—
100 Marc l. 200	—	100 M. l. 250	—
90 Marc l. 180	—	90 M. l. 225	—
80 Marc l. 160	—	80 M. l. 200	—
70 Marc l. 140	—	70 M. l. 175	—
60 Marc l. 120	—	60 M. l. 150	—
50 Marc l. 100	—	50 M. l. 125	—
40 Marc l. 80	—	40 M. l. 100	—
30 Marc l. 60	—	30 M. l. 75	—
20 Marc l. 40	—	20 M. l. 50	—
19 Marc l. 38	—	19 M. l. 47	10
18 Marc l. 36	—	18 M. l. 45	—
17 Marc l. 34	—	17 M. l. 42	10
16 Marc l. 32	—	16 M. l. 40	—
15 Marc l. 30	—	15 M. l. 37	10
14 Marc l. 28	—	14 M. l. 35	—
13 Marc l. 26	—	13 M. l. 32	10
12 Marc l. 24	—	12 M. l. 30	—
11 Marc l. 22	—	11 M. l. 27	10
10 Marc l. 20	—	10 M. l. 25	—
9 Marc l. 18	—	9 M. l. 22	10
8 Marc l. 16	—	8 M. l. 20	—
7 Marc l. 14	—	7 M. l. 17	10
6 Marc l. 12	—	6 M. l. 15	—
5 Marc l. 10	—	5 M. l. 12	10
4 Marc l. 8	—	4 M. l. 10	—
3 Marc l. 6	—	3 M. l. 7	10
2 Marc l. 4	—	2 M. l. 5	—
1 Marc l. 2	—	1 M. l. 2	10

| le Marc à l. 3. — | | le Marc à l. 3. 10. | |
| l'Once à l. —.7.6. | | l'Once à l. 0.8.9. | |
le Den. à l. — 3. d. ½		le Den. à l. — 4. d. ½	
200 Marc l.	600 —	200 M.l.	700 —
100 Marc l.	300 —	100 M.l.	350 —
90 Marc l.	270 —	90 M.l.	315 —
80 Marc l.	240 —	80 M.l.	280 —
70 Marc l.	210 —	70 M.l.	245 —
60 Marc l.	180 —	60 M.l.	210 —
50 Marc l.	150 —	50 M.l.	175 —
40 Marc l.	120 —	40 M.l.	140 —
30 Marc l.	90 —	30 M.l.	105 —
20 Marc l.	60 —	20 M.l.	70 —
19 Marc l.	57 —	19 M.l.	66 10
18 Marc l.	54 —	18 M.l.	63 —
17 Marc l.	51 —	17 M.l.	59 10
16 Marc l.	48 —	16 M.l.	56 —
15 Marc l.	45 —	15 M.l.	52 10
14 Marc l.	42 —	14 M.l.	49 —
13 Marc l.	39 —	13 M.l.	45 10
12 Marc l.	36 —	12 M.l.	42 —
11 Marc l.	33 —	11 M.l.	38 10
10 Marc l.	30 —	10 M.l.	35 —
9 Marc l.	27 —	9 M.l.	31 10
8 Marc l.	24 —	8 M.l.	28 —
7 Marc l.	21 —	7 M.l.	24 10
6 Marc l.	18 —	6 M.l.	21 —
5 Marc l.	15 —	5 M.l.	17 10
4 Marc l.	12 —	4 M.l.	14 —
3 Marc l.	9 —	3 M.l.	10 10
2 Marc l.	6 —	2 M.l.	7 —
1 Marc l.	3 —	1 M.l.	3 10

| le Marc à l. 4. — | le Marc à l. 4. 10. — |
| l'Once à l. — 10. — | l'Once à l. — 11. f. 3. |
le Denier à l. — — f. d.	le Denier à l. — — f. d.
200 Marc l. 800 —	200 M. l. 900 —
100 Marc l. 400 —	100 M. l. 450 —
90 Marc l. 360 —	90 M. l. 405 —
80 Marc l. 320 —	80 M. l. 360 —
70 Marc l. 280 —	70 M. l. 315 —
60 Marc l. 240 —	60 M. l. 270 —
50 Marc l. 200 —	50 M. l. 225 —
40 Marc l. 160 —	40 M. l. 180 —
30 Marc l. 120 —	30 M. l. 135 —
20 Marc l. 80 —	20 M. l. 90 —
19 Marc l. 76 —	19 M. l. 85 10
18 Marc l. 72 —	18 M. l. 81 —
17 Marc l. 68 —	17 M. l. 76 10
16 Marc l. 64 —	16 M. l. 72 —
15 Marc l. 60 —	15 M. l. 67 10
14 Marc l. 56 —	14 M. l. 63 —
13 Marc l. 52 —	13 M. l. 58 10
12 Marc l. 48 —	12 M. l. 54 —
11 Marc l. 44 —	11 M. l. 49 10
10 Marc l. 40 —	10 M. l. 45 —
9 Marc l. 36 —	9 M. l. 40 10
8 Marc l. 32 —	8 M. l. 36 —
7 Marc l. 28 —	7 M. l. 31 10
6 Marc l. 24 —	6 M. l. 27 —
5 Marc l. 20 —	5 M. l. 22 10
4 Marc l. 16 —	4 M. l. 18 —
3 Marc l. 12 —	3 M. l. 13 10
2 Marc l. 8 —	2 M. l. 9 —
1 Marc l. 4 —	1 M. l. 4 10

| le Marc à l. 5. | | le Marc à l. 5. 14. | |
| l'Once à l. — 12. 6. | | l'Once à l. 13. 9. | |
le Denier à l. — 6.d.¾		le Denier à l. — 6.d.¾	
200 Marc l.	1000 —	200 M. l.	1140 —
100 Marc l.	500 —	100 M. l.	570 —
90 Marc l.	450 —	90 M. l.	513 —
80 Marc l.	400 —	80 M. l.	456 —
70 Marc l.	350 —	70 M. l.	399 —
60 Marc l.	300 —	60 M. l.	342 —
50 Marc l.	250 —	50 M. l.	285 —
40 Marc l.	200 —	40 M. l.	228 —
30 Marc l.	150 —	30 M. l.	171 —
20 Marc l.	100 —	20 M. l.	114 —
19 Marc l.	95 —	19 M. l.	108 6
18 Marc l.	90 —	18 M. l.	102 12
17 Marc l.	85 —	17 M. l.	96 18
16 Marc l.	80 —	16 M. l.	91 4
15 Marc l.	75 —	15 M. l.	85 10
14 Marc l.	70 —	14 M. l.	79 16
13 Marc l.	65 —	13 M. l.	74 2
12 Marc l.	60 —	12 M. l.	68 8
11 Marc l.	55 —	11 M. l.	62 14
10 Marc l.	50 —	10 M. l.	57 —
9 Marc l.	45 —	9 M. l.	51 6
8 Marc l.	40 —	8 M. l.	45 12
7 Marc l.	35 —	7 M. l.	39 18
6 Marc l.	30 —	6 M. l.	34 4
5 Marc l.	25 —	5 M. l.	28 10
4 Marc l.	20 —	4 M. l.	22 16
3 Marc l.	15 —	3 M. l.	17 2
2 Marc l.	10 —	2 M. l.	11 8
1 Marc l.	5 —	1 M. l.	5 14

le Marc à l. 6.— l'Once à l.—15.— le Den. à l.—7.d.½		le Marc à l. 6. 10.— l'Once à l.—16. 3. le Den. à l.—8. d.¼	
200 Marc l.	1200 —	200 M. l.	1300 —
100 Marc l.	600 —	100 M. l.	650 —
90 Marc l.	540 —	90 M. l.	585 —
80 Marc l.	480 —	80 M. l.	520 —
70 Marc l.	420 —	70 M. l.	455 —
60 Marc l.	360 —	60 M. l.	390 —
50 Marc l.	300 —	50 M. l.	325 —
40 Marc l.	240 —	40 M. l.	260 —
30 Marc l.	180 —	30 M. l.	195 —
20 Marc l.	120 —	20 M. l.	130 —
19 Marc l.	114 —	19 M. l.	123 10
18 Marc l.	108 —	18 M. l.	117 —
17 Marc l.	102 —	17 M. l.	110 10
16 Marc l.	96 —	16 M. l.	104 —
15 Marc l.	90 —	15 M. l.	97 10
14 Marc l.	84 —	14 M. l.	91 —
13 Marc l.	78 —	13 M. l.	84 10
12 Marc l.	72 —	12 M. l.	78 —
11 Marc l.	66 —	11 M. l.	71 10
10 Marc l.	60 —	10 M. l.	65 —
9 Marc l.	54 —	9 M. l.	58 10
8 Marc l.	48 —	8 M. l.	52 —
7 Marc l.	42 —	7 M. l.	45 10
6 Marc l.	36 —	6 M. l.	39 —
5 Marc l.	30 —	5 M. l.	32 10
4 Marc l.	24 —	4 M. l.	26 —
3 Marc l.	18 —	3 M. l.	19 10
2 Marc l.	12 —	2 M. l.	13 —
1 Marc l.	6 —	1 M. l.	6 10

le Marc à l. 7.	l'Once à l. —17. 6. d.		
300 Marc l. 2100 —	7 On. l. 6	2	6
200 Marc l. 1400 —	6 On. l. 5	5	—
100 Marc l. 700 —	5 On. l. 4	7	6
90 Marc l. 630 —	4 On. l. 3	10	—
80 Marc l. 560 —	3 On. l. 2	12	6
70 Marc l. 490 —	2 On. l. 1	15	—
60 Marc l. 420 —	1 On. l. —	17	6
50 Marc l. 350 —	23 De. l. —	16	8
40 Marc l. 280 —	22 De. l. —	15	11
30 Marc l. 210 —	21 De. l. —	15	3
20 Marc l. 140 —	20 De. l. —	14	6
19 Marc l. 133 —	19 De. l. —	13	9
18 Marc l. 126 —	18 De. l. —	13	1
17 Marc l. 119 —	17 De. l. —	12	4
16 Marc l. 112 —	16 De. l. —	11	7
15 Marc l. 105 —	15 De. l. —	10	11
14 Marc l. 98 —	14 De. l. —	10	2
13 Marc l. 91 —	13 De. l. —	9	5
12 Marc l. 84 —	12 De. l. —	8	9
11 Marc l. 77 —	11 De. l. —	7	11
10 Marc l. 70 —	10 De. l. —	7	2
9 Marc l. 63 —	9 De. l. —	6	6
8 Marc l. 56 —	8 De. l. —	5	9
7 Marc l. 49 —	7 De. l. —	5	1
6 Marc l. 42 —	6 De. l. —	4	4
5 Marc l. 35 —	5 De. l. —	3	7
4 Marc l. 28 —	4 De. l. —	2	10
3 Marc l. 21 —	3 De. l. —	2	2
2 Marc l. 14 —	1 De. l. —	—	8
1 Marc l. 7 —	Demi l. —	—	4

le Marc à l. 7. 10. l'Once à l. — 18. 9 . d.

300 Marc l.	2250	—	7 On. l.	6	11	3
200 Marc l.	1500	—	6 On. l.	5	12	6
100 Marc l.	750	—	5 On. l.	4	13	9
90 Marc l.	675	—	4 On. l.	3	15	—
80 Marc l.	600	—	3 On. l.	2	16	3
70 Marc l.	525	—	2 On. l.	1	17	6
60 Marc l.	450	—	1 On. l.	—	18	9
50 Marc l.	375	—	23 De. l.	—	17	10
40 Marc l.	300	—	22 De. l.	—	17	1
30 Marc l.	225	—	21 De. l.	—	16	4
20 Marc l.	150	—	20 De. l.	—	15	6
19 Marc l.	142	10	19 De. l.	—	14	9
18 Marc l.	135	—	18 De. l.	—	14	—
17 Marc l.	127	10	17 De. l.	—	13	3
16 Marc l.	120	—	16 De. l.	—	12	6
15 Marc l.	112	10	15 De. l.	—	11	8
14 Marc l.	105	—	14 De. l.	—	10	11
13 Marc l.	97	10	13 De. l.	—	10	1
12 Marc l.	90	—	12 De. l.	—	9	4
11 Marc l.	82	10	11 De. l.	—	8	6
10 Marc l.	75	—	10 De. l.	—	7	9
9 Marc l.	67	10	9 De. l.	—	7	—
8 Marc l.	60	—	8 De. l.	—	6	3
7 Marc l.	52	10	7 De. l.	—	5	5
6 Marc l.	45	—	6 De. l.	—	4	8
5 Marc l.	37	10	5 De. l.	—	3	10
4 Marc l.	30	—	4 De. l.	—	3	1
3 Marc l.	22	10	3 De. l.	—	2	4
2 Marc l.	15	—	1 De. l.	—	—	9
1 Marc l.	7	10	Demi l.	—	—	4

le Marc à l. 8. l'Once à l. 1.

300 Marc l. 2400		7 On. l. 7	
200 Marc l. 1600		6 On. l. 6	
100 Marc l. 800		5 On. l. 5	
90 Marc l. 720		4 On. l. 4	
80 Marc l. 640		3 On. l. 3	
70 Marc l. 560		2 On. l. 2	
60 Marc l. 480		1 On. l. 1	
50 Marc l. 400		23 De. l.	19 2
40 Marc l. 320		22 De. l.	18 4
30 Marc l. 240		21 De. l.	17 6
20 Marc l. 160		20 De. l.	16 8
19 Marc l. 152		19 De. l.	15 10
18 Marc l. 144		18 De. l.	15
17 Marc l. 136		17 De. l.	14 2
16 Marc l. 128		16 De. l.	13 4
15 Marc l. 120		15 De. l.	12 6
14 Marc l. 112		14 De. l.	11 8
13 Marc l. 104		13 De. l.	10 10
12 Marc l. 96		12 De. l.	10
11 Marc l. 88		11 De. l.	9 2
10 Marc l. 80		10 De. l.	8 4
9 Marc l. 72		9 De. l.	7 6
8 Marc l. 64		8 De. l.	6 8
7 Marc l. 56		7 De. l.	5 10
6 Marc l. 48		6 De. l.	5
5 Marc l. 40		5 De. l.	4 2
4 Marc l. 32		4 De. l.	3 4
3 Marc l. 24		3 De. l.	2 6
2 Marc l. 16		1 De. l.	10
1 Marc l. 8		Demi l.	5

le Marc à l. 8.10. l'Once à l. 1. 1. 3.d.

300 Marc l.	2550	—	7 On. l.	7	8	9
200 Marc l.	1700	—	6 On. l.	6	7	6
100 Marc l.	850	—	5 On. l.	5	6	3
90 Marc l.	765	—	4 On. l.	4	5	—
80 Marc l.	680	—	3 On. l.	3	3	9
70 Marc l.	595	—	2 On. l.	2	2	6
60 Marc l.	510	—	1 On. l.	1	1	3
50 Marc l.	425	—	23 De. l.	1	—	3
40 Marc l.	340	—	22 De. l.	—	19	4
30 Marc l.	255	—	21 De. l.	—	18	5
20 Marc l.	170	—	20 De. l.	—	17	8
19 Marc l.	161	10	19 De. l.	—	16	8
18 Marc l.	153	—	18 De. l.	—	15	10
17 Marc l.	144	10	17 De. l.	—	15	—
16 Marc l.	136	—	16 De. l.	—	14	1
15 Marc l.	127	10	15 De. l.	—	13	2
14 Marc l.	119	—	14 De. l.	—	12	4
13 Marc l.	110	10	13 De. l.	—	11	5
12 Marc l.	102	—	12 De. l.	—	10	7
11 Marc l.	93	10	11 De. l.	—	9	8
10 Marc l.	85	—	10 De. l.	—	8	9
9 Marc l.	76	10	9 De. l.	—	7	11
8 Marc l.	68	—	8 De. l.	—	7	—
7 Marc l.	59	10	7 De. l.	—	6	2
6 Marc l.	51	—	6 De. l.	—	5	3
5 Marc l.	42	10	5 De. l.	—	4	4
4 Marc l.	34	—	4 De. l.	—	3	6
3 Marc l.	25	10	3 De. l.	—	2	7
2 Marc l.	17	—	1 De. l.	—	—	10
1 Marc l.	8	10	Demi l.	—	—	5

Fraction de 6. pris differens au Marc.

1 Marc l.	8	2	6	1 Marc l.	8	12	6
4 Onc. l.	4	1	3	4 Onc. l.	4	6	3
2 Onc. l.	2	—	7	2 Onc. l.	2	3	1
1 Onc. l.	1	—	3	1 Onc. l.	1	1	6
12 De. l.	—	10	1	12 De. l.	—	10	9
6 Den. l.	—	5	—	6 Den. l.	—	5	4
3 Den. l.	—	2	6	3 Den. l.	—	2	8
2 Den. l.	—	1	8	2 Den. l.	—	1	9
1 Den. l.	—	—	10	1 Den. l.	—	—	10
½ Den. l.	—	—	5	½ Den. l.	—	—	5
1 Marc l.	8	5	—	1 Marc l.	8	15	—
4 Onc. l.	4	2	6	4 Onc. l.	4	7	6
2 Onc. l.	2	1	3	2 Onc. l.	2	3	9
1 Onc. l.	1	—	7	1 Onc. l.	1	1	10
12 De. l.	—	10	3	12 De. l.	—	10	11
6 Den. l.	—	5	1	6 Den. l.	—	5	5
3 Den. l.	—	2	6	3 Den. l.	—	2	8
2 Den. l.	—	1	8	2 Den. l.	—	1	9
1 Den. l.	—	—	10	1 Den. l.	—	—	10
½ Den. l.	—	—	5	½ Den. l.	—	—	5
1 Marc l.	8	7	6	1 Marc l.	8	17	6
4 Onc. l.	4	3	9	4 Onc. l.	4	8	9
2 Onc. l.	2	1	10	2 Onc. l.	2	4	4
1 Onc. l.	1	—	11	1 Onc. l.	1	2	2
12 De. l.	—	10	5	12 De. l.	—	11	1
6 Den. l.	—	5	2	6 Den. l.	—	5	6
3 Den. l.	—	2	7	3 Den. l.	—	2	9
1 Den. l.	—	—	10	1 Den. l.	—	—	11
Demi l.	—	—	5	½ De. l.	—	—	5

Fraction de 6. pris different au Marc.

1 Marc l.	9	2	6	1 Marc l.	9	12	6
4 Onc. l.	4	11	3	4 Onc. l.	4	16	3
2 Onc. l.	2	5	7	2 Onc. l.	2	8	1
1 Onc. l.	1	2	9	1 Onc. l.	1	4	—
12 De. l.	—	11	4	12 Den. l.	—	12	—
6 Den. l.	—	5	8	6 Den. l.	—	6	—
3 Den. l.	—	2	10	3 Den. l.	—	3	—
2 Den. l.	—	1	10	2 Den. l.	—	2	—
1 Den. l.	—	—	11	1 Den. l.	—	1	—
½ Den. l.	—	—	5	½ Den. l.	—	—	6
1 Marc l.	9	5	—	1 Marc l.	9	15	—
4 Onc. l.	4	12	6	4 Onc. l.	4	17	6
2 Onc. l.	2	6	3	2 Onc. l.	2	8	9
1 Onc. l.	1	3	1	1 Onc. l.	1	4	4
12 De. l.	—	11	6	12 De. l.	—	12	2
6 Den. l.	—	5	9	6 Den. l.	—	6	1
3 Den. l.	—	2	10	3 Den. l.	—	3	—
2 Den. l.	—	1	11	2 Den. l.	—	2	—
1 Den. l.	—	—	11	1 Den. l.	—	1	—
½ Den. l.	—	—	5	½ Den. l.	—	—	6
1 Marc l.	9	7	6	1 Marc l.	9	17	6
4 Onc. l.	4	13	9	4 Onc. l.	4	18	9
2 Onc. l.	2	6	10	2 Onc. l.	2	9	4
1 Onc. l.	1	3	5	1 Onc. l.	1	4	8
12 Den. l.	—	11	8	12 De. l.	—	12	4
6 Den. l.	—	5	10	6 Den. l.	—	6	2
3 Den. l.	—	2	11	3 Den. l.	—	3	1
1 Den. l.	—	—	11	1 Den. l.	—	1	—
Demi l.	—	—	5	½ De. l.	—	—	6

le Marc à l. 9. l'Once à l.1 .2. 6. d.

300 Marc	l. 2700	—	7 On.	l. 7	17	6
200 Marc	l. 1800	—	6 On.	l. 6	15	—
100 Marc	l. 900	—	5 On.	l. 5	12	6
90 Marc	l. 810	—	4 On.	l. 4	10	—
80 Marc	l. 720	—	3 On.	l. 3	7	6
70 Marc	l. 630	—	2 On.	l. 2	5	—
60 Marc	l. 540	—	1 On.	l. 1	2	6
50 Marc	l. 450	—	23 De.	l. 1	1	5
40 Marc	l. 360	—	22 De.	l. 1	—	6
30 Marc	l. 270	—	21 De.	l. —	19	7
20 Marc	l. 180	—	20 De.	l. —	18	8
19 Marc	l. 171	—	19 De.	l. —	17	9
18 Marc	l. 162	—	18 De.	l. —	16	10
17 Marc	l. 153	—	17 De.	l. —	15	10
16 Marc	l. 144	—	16 De.	l. —	14	11
15 Marc	l. 135	—	15 De.	l. —	14	—
14 Marc	l. 126	—	14 De.	l. —	13	1
13 Marc	l. 117	—	13 De.	l. —	12	2
12 Marc	l. 108	—	12 De.	l. —	11	3
11 Marc	l. 99	—	11 De.	l. —	10	2
10 Marc	l. 90	—	10 De.	l. —	9	3
9 Marc	l. 81	—	9 De.	l. —	8	4
8 Marc	l. 72	—	8 De.	l. —	7	5
7 Marc	l. 63	—	7 De.	l. —	6	6
6 Marc	l. 54	—	6 De.	l. —	5	7
5 Marc	l. 45	—	5 De.	l. —	4	7
4 Marc	l. 36	—	4 De.	l. —	3	8
3 Marc	l. 27	—	3 De.	l. —	2	9
2 Marc	l. 18	—	1 De.	l. —	—	11
1 Marc	l. 9	—	Demi l.	—	—	5

le Marc à l. 9. 10.	l'Onc. à l. 1. 3. 9. d.		
300 Marc l. 2850 —	7 On. l. 8	6	3
200 Marc l. 1900 —	6 On. l. 7	2	6
100 Marc l. 950 —	5 On. l. 5	18	9
90 Marc l. 855 —	4 On. l. 4	15	—
80 Marc l. 760 —	3 On. l. 3	11	3
70 Marc l. 665 —	2 On. l. 2	7	6
60 Marc l. 570 —	1 On. l. 1	3	9
50 Marc l. 475 —	23 De. l. 1	2	8
40 Marc l. 380 —	22 De. l. 1	1	8
30 Marc l. 285 —	21 De. l. 1	—	8
20 Marc l. 190 —	20 De. l. —	19	8
19 Marc l. 180 10	19 De. l. —	18	8
18 Marc l. 171 —	18 De. l. —	17	9
17 Marc l. 161 10	17 De. l. —	16	8
16 Marc l. 152 —	16 De. l. —	15	8
15 Marc l. 142 10	15 De. l. —	14	9
14 Marc l. 133 —	14 De. l. —	13	9
13 Marc l. 123 10	13 De. l. —	12	9
12 Marc l. 114 —	12 De. l. —	11	10
11 Marc l. 104 10	11 De. l. —	10	10
10 Marc l. 95 —	10 De. l. —	9	10
9 Marc l. 85 10	9 De. l. —	8	10
8 Marc l. 76 —	8 De. l. —	7	10
7 Marc l. 66 10	7 De. l. —	6	10
6 Marc l. 57 —	6 De. l. —	5	11
5 Marc l. 47 10	5 De. l. —	4	11
4 Marc l. 38 —	4 De. l. —	3	10
3 Marc l. 28 10	3 De. l. —	2	11
2 Marc l. 19 —	1 De. l. —	—	11
1 Marc l. 9 10	Demi l. —	—	5

le Marc à l. 10. l'Once à l. 1. 5.

300 Marc l. 3000 —			7 On. l.	8	15	—
200 Marc l. 2000 —			6 On. l.	7	10	—
100 Marc l. 1000 —			5 On. l.	6	5	—
90 Marc l. 900 —			4 On. l.	5	—	—
80 Marc l. 800 —			3 On. l.	3	15	—
70 Marc l. 700 —			2 On. l.	2	10	—
60 Marc l. 600 —			1 On. l.	1	5	—
50 Marc l. 500 —			23 De. l.	1	3	11
40 Marc l. 400 —			22 De. l.	1	2	10
30 Marc l. 300 —			21 De. l.	1	1	10
20 Marc l. 200 —			20 De. l.	1	—	10
19 Marc l. 190 —			19 De. l. —		19	9
18 Marc l. 180 —			18 De. l. —		18	9
17 Marc l. 170 —			17 De. l. —		17	8
16 Marc l. 160 —			16 De. l. —		16	8
15 Marc l. 150 —			15 De. l. —		15	7
14 Marc l. 140 —			14 De. l. —		14	7
13 Marc l. 130 —			13 De. l. —		13	6
12 Marc l. 120 —			12 De. l. —		12	6
11 Marc l. 110 —			11 De. l. —		11	5
10 Marc l. 100 —			10 De. l. —		10	4
9 Marc l. 90 —			9 De. l. —		9	4
8 Marc l. 80 —			8 De. l. —		8	4
7 Marc l. 70 —			7 De. l. —		7	3
6 Marc l. 60 —			6 De. l. —		6	3
5 Marc l. 50 —			5 De. l. —		5	2
4 Marc l. 40 —			4 De. l. —		4	2
3 Marc l. 30 —			3 De. l. —		3	1
2 Marc l. 20 —			1 De. l. —		1	—
1 Marc l. 10 —			Demi l. —		—	6

le Marc à l. 10. 10. l'Once à l. 1. 6. 3. d.

300 Marc	l. 3150	—	7 On.	l. 9	3		9
200 Marc	l. 2100	—	6 On.	l. 7	17		9
100 Marc	l. 1050	—	5 On.	l. 6	11		3
90 Marc	l. 945	—	4 On.	l. 5	5		—
80 Marc	l. 840	—	3 On.	l. 3	18		9
70 Marc	l. 735	—	2 On.	l. 2	12		6
60 Marc	l. 630	—	1 On.	l. 1	6		3
50 Marc	l. 525	—	23 De.	l. 1	5		—
40 Marc	l. 420	—	22 De.	l. 1	3		11
30 Marc	l. 315	—	21 De.	l. 1	2		10
20 Marc	l. 210	—	20 De.	l. 1	1		9
19 Marc	l. 199	10	19 De.	l. 1	—		8
18 Marc	l. 189	—	18 De.	l. —	19		7
17 Marc	l. 178	10	17 De.	l. —	18		6
16 Marc	l. 168	—	16 De.	l. —	17		5
15 Marc	l. 157	10	15 De.	l. —	16		4
14 Marc	l. 147	—	14 De.	l. —	15		3
13 Marc	l. 136	10	13 De.	l. —	14		2
12 Marc	l. 126	—	12 De.	l. —	13		1
11 Marc	l. 115	10	11 De.	l. —	11		11
10 Marc	l. 105	—	10 De.	l. —	10		10
9 Marc	l. 94	10	9 De.	l. —	9		9
8 Marc	l. 84	—	8 De.	l. —	8		8
7 Marc	l. 73	10	7 De.	l. —	7		7
6 Marc	l. 63	—	6 De.	l. —	6		6
5 Marc	l. 52	10	5 De.	l. —	5		5
4 Marc	l. 42	—	4 De.	l. —	4		4
3 Marc	l. 31	10	3 De.	l. —	3		3
2 Marc	l. 21	—	1 De.	l. —	1		3
1 Marc	l. 10	10	Demi	l. —	—		6

Fraction de 6. pris différent au Marc

1 Marc l.	10	2	6	1 Marc l.	10	12	6
4 Onc. l.	5	1	3	4 Onc. l.	5	6	3
2 Onc. l.	2	10	7	2 Onc. l.	2	13	1
1 Onc. l.	1	5	3	1 Onc. l.	1	6	6
12 De. l.	—	12	7	12 Den. l.	—	13	3
6 Den. l.	—	6	3	6 Den. l.	—	6	7
3 Den. l.	—	3	1	3 Den. l.	—	3	3
2 Den. l.	—	2	1	2 Den. l.	—	2	2
1 Den. l.	—	1	⅓	1 Den. l.	—	1	1
½ Den. l.	—	—	6	½ Den. l.	—	—	6
1 Marc l.	10	5	—	1 Marc l.	10	15	—
4 Onc. l.	5	2	6	4 Onc. l.	5	7	6
2 Onc. l.	2	11	3	2 Onc. l.	2	13	9
1 Onc. l.	1	5	7	1 Onc. l.	1	6	10
12 De. l.	—	12	9	12 De. l.	—	13	5
6 Den. l.	—	6	4	6 Den. l.	—	6	
3 Den. l.	—	3	2	3 Den. l.	—	3	4
2 Den. l.	—	2	1	2 Den. l.	—	2	2
1 Den. l.	—	1	—	1 Den. l.	—	1	1
½ Den. l.	—	—	6	½ Den. l.	—	—	6
1 Marc l.	10	7	6	1 Marc l.	10	17	6
4 Onc. l.	5	3	9	4 Onc. l.	5	8	9
2 Onc. l.	2	11	10	2 Onc. l.	2	14	4
1 Onc. l.	1	5	11	1 Onc. l.	1	7	2
12 De. l.	—	12	11	12 De. l.	—	13	7
6 Den. l.	—	6	5	6 Den. l.	—	6	9
3 Den. l.	—	3	2	3 Den. l.	—	3	4
1 Den. l.	—	1	⅔	1 Den. l.	—	1	1
½ Den. l.	—	—	6	Demi l.	—	—	4

Praction de 6. pris different au Marc

1 Marc l.	11	2	6	1 Marc l.	11	12	6
4 Onc. l.	5	11	3	4 Onc. l.	5	16	3
2 Onc. l.	2	15	7	2 Onc. l.	2	18	1
1 Onc. l.	1	7	9	1 Onc. l.	1	9	—
12 De. l.	—	13	10	12 De. l.	—	14	6
6 Den. l.	—	6	11	6 Den. l.	—	7	3
3 Den. l.	—	3	5	3 Den. l.	—	3	7
2 Den. l.	—	2	3	2 Den. l.	—	2	5
1 Den. l.	—	1	1	1 Den. l.	—	1	2
½ Den. l.	—	—	6	½ Den. l.	—	—	7
1 Marc l.	11	5	—	1 Marc l.	11	15	—
4 Onc. l.	5	12	6	4 Onc. l.	5	17	6
2 Onc. l.	2	16	3	2 Onc. l.	2	18	9
1 Onc. l.	1	8	1	1 Onc. l.	1	9	4
12 De. l.	—	14	—	12 De. l.	—	14	8
6 Den. l.	—	7	—	6 Den. l.	—	7	4
3 Den. l.	—	3	6	3 Den. l.	—	3	8
2 Den. l.	—	2	4	2 Den. l.	—	2	5
1 Den. l.	—	1	2	1 Den. l.	—	1	2
½ Den. l.	—	—	7	½ Den. l.	—	—	7
1 Marc l.	11	7	6	1 Marc l.	11	15	—
4 Onc. l.	5	13	9	4 Onc. l.	5	17	6
2 Onc. l.	2	16	10	2 Onc. l.	2	18	9
1 Onc. l.	1	8	5	1 Onc. l.	1	9	4
12 De. l.	—	14	2	12 De. l.	—	14	8
6 Den. l.	—	7	1	6 Den. l.	—	7	4
3 Den. l.	—	3	6	3 Den. l.	—	3	8
1 Den. l.	—	1	2	1 Den. l.	—	1	2
Demi. l.	—	—	7	Demi. l.	—	—	7

le Marc à l. 11. l'Once à l. 1. 7. 6.

300 Marc l. 3300	—		7 On. l.	9		
200 Marc l. 2200	—		6 On. l.	8		
100 Marc l. 1100	—		5 On. l.	6	17	6
90 Marc l. 990	—		4 On. l.	5	10	—
80 Marc l. 880	—		3 On. l.	4	2	6
70 Marc l. 770	—		2 On. l.	2	15	—
60 Marc l. 660	—		1 On. l.	1	7	6
50 Marc l. 550	—		23 De. l.	1	6	3
40 Marc l. 440	—		22 De. l.	1	5	2
30 Marc l. 330	—		21 De. l.	1	4	—
20 Marc l. 220	—		20 De. l.	1	2	10
19 Marc l. 209	—		19 De. l.	1	1	8
18 Marc l. 198	—		18 De. l.	1	—	7
17 Marc l. 187	—		17 De. l.	—	19	5
16 Marc l. 176	—		16 De. l.	—	18	3
15 Marc l. 165	—		15 De. l.	—	17	2
14 Marc l. 154	—		14 De. l.	—	16	—
13 Marc l. 143	—		13 De. l.	—	14	10
12 Marc l. 132	—		12 De. l.	—	13	9
11 Marc l. 121	—		11 De. l.	—	12	6
10 Marc l. 110	—		10 De. l.	—	11	4
9 Marc l. 99	—		9 De. l.	—	10	3
8 Marc l. 88	—		8 De. l.	—	9	1
7 Marc l. 77	—		7 De. l.	—	7	11
6 Marc l. 66	—		6 De. l.	—	6	10
5 Marc l. 55	—		5 De. l.	—	5	8
4 Marc l. 44	—		4 De. l.	—	4	6
3 Marc l. 33	—		3 De. l.	—	3	5
2 Marc l. 22	—		1 De. l.	—	1	1
1 Marc l. 11	—		Demi l.	—	—	6

le Marc à l. 11. 10. l'Once à l. 14. 8. 9. d.

300 Marc l.	3450	—	7 On. l.	10	1	3
200 Marc l.	2300	—	6 On. l.	8	12	6
100 Marc l.	1150	—	5 On. l.	7	3	9
90 Marc l.	1035	—	4 On. l.	5	15	—
80 Marc l.	920	—	3 On. l.	4	6	3
70 Marc l.	805	—	2 On. l.	2	17	6
60 Marc l.	690	—	1 On. l.	1	8	9
50 Marc l.	575	—	23 De. l.	1	7	5
40 Marc l.	460	—	22 De. l.	1	6	3
30 Marc l.	345	—	21 De. l.	1	5	1
20 Marc l.	230	—	20 De. l.	1	3	10
19 Marc l.	218	10	19 De. l.	1	2	8
18 Marc l.	207	—	18 De. l.	1	1	6
17 Marc l.	195	10	17 De. l.	1	—	3
16 Marc l.	184	—	16 De. l.	—	19	—
15 Marc l.	172	10	15 De. l.	—	17	10
14 Marc l.	161	—	14 De. l.	—	16	8
13 Marc l.	149	10	13 De. l.	—	15	6
12 Marc l.	138	—	12 De. l.	—	14	4
11 Marc l.	126	10	11 De. l.	—	13	1
10 Marc l.	115	—	10 De. l.	—	11	11
9 Marc l.	103	10	9 De. l.	—	10	9
8 Marc l.	92	—	8 De. l.	—	9	6
7 Marc l.	80	10	7 De. l.	—	8	4
6 Marc l.	69	—	6 De. l.	—	7	2
5 Marc l.	57	10	5 De. l.	—	5	11
4 Marc l.	46	—	4 De. l.	—	4	8
3 Marc l.	34	10	3 De. l.	—	3	7
2 Marc l.	23	—	1 De. l.	—	1	2
1 Marc l.	11	10	Demi l.	—	—	7

le Marc à l. 12. l'Once à l. 1. 10.

300 Marc l.	3600	—	7 On. l.	10	10 —
200 Marc l.	2400	—	6 On. l.	9	—
100 Marc l.	1200	—	5 On. l.	7	10
90 Marc l.	1080	—	4 On. l.	6	—
80 Marc l.	960	—	3 On. l.	4	10
70 Marc l.	840	—	2 On. l.	3	—
60 Marc l.	720	—	1 On. l.	1	10
50 Marc l.	600	—	23 De. l.	1	8	9
40 Marc l.	480	—	22 De. l.	1	7	6
30 Marc l.	360	—	21 De. l.	1	6	3
20 Marc l.	240	—	20 De. l.	1	5	—
19 Marc l.	228	—	19 De. l.	1	3	9
18 Marc l.	216	—	18 De. l.	1	2	6
17 Marc l.	204	—	17 De. l.	1	1	3
16 Marc l.	192	—	16 De. l.	1	—
15 Marc l.	180	—	15 De. l.	—	18	9
14 Marc l.	168	—	14 De. l.	—	17	6
13 Marc l.	156	—	13 De. l.	—	16	3
12 Marc l.	144	—	12 De. l.	—	15	—
11 Marc l.	132	—	11 De. l.	—	13	9
10 Marc l.	120	—	10 De. l.	—	12	6
9 Marc l.	108	—	9 De. l.	—	11	3
8 Marc l.	96	—	8 De. l.	—	10	—
7 Marc l.	84	—	7 De. l.	—	8	9
6 Marc l.	72	—	6 De. l.	—	7	6
5 Marc l.	60	—	5 De. l.	—	6	3
4 Marc l.	48	—	4 De. l.	—	5	—
3 Marc l.	36	—	3 De. l.	—	3	9
2 Marc l.	24	—	1 De. l.	—	1	3
1 Marc l.	12	—	Demi l.	—	—	7

le Marc à l. 12.10. l'Onc. à l. 1.11. 3.d.

300 Marc l.	3750	—	7 On. l. 10	18	9
200 Marc l.	2500	—	6 On. l. 9	7	6
100 Marc l.	1250	—	5 On. l. 7	16	3
90 Marc l.	1125	—	4 On. l. 6	5	—
80 Marc l.	1000	—	3 On. l. 4	13	9
70 Marc l.	875	—	2 On. l. 3	2	6
60 Marc l.	750	—	1 On. l. 1	11	3
50 Marc l.	625	—	23 De. l. 1	9	9
40 Marc l.	500	—	22 De. l. 1	8	5
30 Marc l.	375	—	21 De. l. 1	7	2
20 Marc l.	250	—	20 De. l. 1	5	11
19 Marc l.	237	10	19 De. l. 1	4	7
18 Marc l.	225	—	18 De. l. 1	3	4
17 Marc l.	212	10	17 De. l. 1	2	—
16 Marc l.	200	—	16 De. l. 1	—	8
15 Marc l.	187	10	15 De. l. —	19	5
14 Marc l.	175	—	14 De. l. —	18	2
13 Marc l.	162	10	13 De. l. —	16	10
12 Marc l.	150	—	12 De. l. —	15	7
11 Marc l.	137	10	11 De. l. —	14	2
10 Marc l.	125	—	10 De. l. —	12	10
9 Marc l.	112	10	9 De. l. —	11	7
8 Marc l.	100	—	8 De. l. —	10	4
7 Marc l.	87	10	7 De. l. —	9	—
6 Marc l.	75	—	6 De. l. —	7	9
5 Marc l.	62	10	5 De. l. —	6	5
4 Marc l.	50	—	4 De. l. —	5	2
3 Marc l.	37	10	3 De. l. —	3	10
2 Marc l.	25	—	1 De. l. —	1	3
1 Marc l.	12	10	Demi l. —	—	7

Fraction de 6. pris differens au Marc.

1 Marc l.	12	2	6	1 Marc l. 12	12	6
4 Onc. l.	6	1	3	4 Onc. l. 6	6	3
2 Onc. l.	3	—	7	2 Onc. l. 3	3	1
1 Onc. l.	1	10	3	1 Onc. l. 1	11	6
12 De. l.	—	15	1	12 De. l. —	15	9
6 Den. l.	—	7	6	6 Den. l. —	7	10
3 Den. l.	—	3	9	3 Den. l. —	3	11
2 Den. l.	—	2	6	2 Den. l. —	2	7
1 Den. l.	—	1	3	1 Den. l. —	1	3
½ Den. l.	—	—	7	½ Den. l. —	—	7
1 Marc l.	12	5	—	1 Marc l. 12	15	—
4 Onc. l.	6	2	6	4 Onc. l. 6	7	6
2 Onc. l.	3	1	3	2 Onc. l. 3	3	9
1 Onc. l.	1	10	7	1 Onc. l. 1	11	10
12 De. l.	—	15	3	12 De. l. —	15	11
6 Den. l.	—	7	7	6 Den. l. —	7	11
3 Den. l.	—	3	9	3 Den. l. —	3	11
2 Den. l.	—	2	6	2 Den. l. —	2	7
1 Den. l.	—	1	3	1 Den. l. —	1	3
Den. l.	—	—	7	½ Den. l. —	—	7
1 Marc l.	12	7	6	1 Marc l. 12	17	6
4 Onc. l.	6	3	9	4 Onc. l. 6	8	9
2 Onc. l.	3	1	10	2 Onc. l. 3	4	4
1 Onc. l.	1	10	11	1 Onc. l. 1	12	2
12 De. l.	—	15	5	12 De. l. —	16	1
6 Den. l.	—	7	8	6 Den. l. —	8	—
3 Den. l.	—	3	10	3 Den. l. —	4	—
1 Den. l.	—	1	3	1 Den. l. —	1	4
Demi l.	—	—	7	½ De. l. —	—	8

Fraction de 6. pris different au Marc.

1 Marc l.	13	2	6	1 Marc l. 13	12	6
4 Onc. l.	6	11	3	4 Onc. l. 6	16	3
2 Onc. l.	3	5	7	2 Onc. l. 3	8	1
1 Onc. l.	1	12	9	1 Onc. l. 1	14	—
12 De. l.	—	16	4	12 Den. l. —	17	—
6 Den. l.	—	8	2	6 Den. l. —	8	6
3 Den. l.	—	4	1	3 Den. l. —	4	3
2 Den. l.	—	2	8	2 Den. l. —	2	10
1 Den. l.	—	1	4	1 Den. l. —	1	5
½ Den. l.	—	—	8	½ Den. l. —	—	5/8
1 Marc l.	13	5	—	1 Marc l. 13	15	—
4 Onc. l.	6	12	6	4 Onc. l. 6	17	6
2 Onc. l.	3	6	3	2 Onc. l. 3	8	9
1 Onc. l.	1	13	1	1 Onc. l. 1	14	4
12 De. l.	—	16	6	12 De. l. —	17	2
6 Den. l.	—	8	3	6 Den. l. —	8	7
3 Den. l.	—	4	1	3 Den. l. —	4	3
2 Den. l.	—	2	9	2 Den. l. —	2	10
1 Den. l.	—	1	4	1 Den. l. —	1	5
½ Den. l.	—	—	8	½ Den. l. —	—	5/8
1 Marc l.	13	7	6	1 Marc l. 13	17	6
4 Onc. l.	6	13	9	4 Onc. l. 6	18	9
2 Onc. l.	3	6	10	2 Onc. l. 3	9	4
1 Onc. l.	1	13	5	1 Onc. l. 1	14	8
12 Den. l.	—	16	8	12 De. l. —	17	4
6 Den. l.	—	8	4	6 Den. l. —	8	8
3 Den. l.	—	4	2	3 Den. l. —	4	4
1 Den. l.	—	1	4	1 Den. l. —	1	5
Demi l.	—	—	5	½ De. l. —	—	5/8

le Marc à 13. l. l'Once à l. 1. 12. 6. d.

300 Marc l. 3900 —	7 O. l. 11	7	6
200 Marc l. 2600 —	6 O. l. 9	15	—
100 Marc l. 1300 —	5 O. l. 8	2	6
90 Marc l. 1170 —	4 O. l. 6	10	—
80 Marc l. 1040 —	3 O. l. 4	17	6
70 Marc l. 910 —	2 O. l. 3	5	—
60 Marc l. 780 —	1 O. l. 1	12	6
50 Marc l. 650 —	23 D. l. 1	11	—
40 Marc l. 520 —	22 D. l. 1	9	8
30 Marc l. 390 —	21 D. l. 1	8	4
20 Marc l. 260 —	20 D. l. 1	7	—
19 Marc l. 247 —	19 D. l. 1	5	8
18 Marc l. 234 —	18 D. l. 1	4	4
17 Marc l. 221 —	17 D. l. 1	2	11
16 Marc l. 208 —	16 D. l. 1	1	7
15 Marc l. 195 —	15 D. l. 1	—	3
14 Marc l. 182 —	14 D. l. —	18	11
13 Marc l. 169 —	13 D. l. —	17	7
12 Marc l. 156 —	12 D. l. —	16	3
11 Marc l. 143 —	11 D. l. —	14	9
10 Marc l. 130 —	10 D. l. —	13	5
9 Marc l. 117 —	9 D. l. —	12	1
8 Marc l. 104 —	8 D. l. —	10	9
7 Marc l. 91 —	7 D. l. —	9	5
6 Marc l. 78 —	6 D. l. —	8	1
5 Marc l. 65 —	5 D. l. —	6	8
4 Marc l. 52 —	4 D. l. —	5	4
3 Marc l. 39 —	3 D. l. —	4	—
2 Marc l. 26 —	2 D. l. —	2	8
1 Marc l. 13 —	1 D. l. —	1	4

le Marc à L. 13. 10.	l'Oonc. à l. 1. 13. 9. d.
300 Marc l. 4050 —	7 O. l. 11 16 3
200 Marc l. 2700 —	6 O. l. 10 2 6
100 Marc l. 1350 —	5 O. l. 8 8 9
90 Marc l. 1215 —	4 O. l. 6 15 —
80 Marc l. 1080 —	3 O. l. 5 1 3
70 Marc l. 945 —	2 O. l. 3 7 6
60 Marc l. 810 —	1 O. l. 1 13 9
50 Marc l. 675 —	23 D. l. 1 12 2
40 Marc l. 540 —	22 D. l. 1 10 9
30 Marc l. 405 —	21 D. l. 1 9 5
20 Marc l. 270 —	20 D. l. 1 8 —
19 Marc l. 256 10	19 D. l. 1 6 7
18 Marc l. 243 —	18 D. l. 1 5 3
17 Marc l. 229 10	17 D. l. 1 3 9
16 Marc l. 216 —	16 D. l. 1 2 4
15 Marc l. 202 10	15 D. l. 1 1 —
14 Marc l. 189 —	14 D. l. — 19 7
13 Marc l. 175 10	13 D. l. — 18 2
12 Marc l. 162 —	12 D. l. — 16 10
11 Marc l. 148 10	11 D. l. — 15 4
10 Marc l. 135 —	10 D. l. — 13 11
9 Marc l. 121 10	9 D. l. — 12 7
8 Marc l. 108 —	8 D. l. — 11 2
7 Marc l. 94 10	7 D. l. — 9 9
6 Marc l. 81 —	6 D. l. — 8 5
5 Marc l. 67 10	5 D. l. — 6 11
4 Marc l. 54 —	4 D. l. — 5 6
3 Marc l. 40 10	3 D. l. — 4 2
2 Marc l. 27 —	2 D. l. — 2 9
1 Marc l. 13 10	1 D. l. — 1 4

le Marc à l. 14. l'Once à l. 1. 15.

300 Marc	l.	4200	—	7 O. l.	12	5
200 Marc	l.	2800	—	6 O. l.	10	10
100 Marc	l.	1400	—	5 O. l.	8	15
90 Marc	l.	1260	—	4 O. l.	7	—
80 Marc	l.	1120	—	3 O. l.	5	5
70 Marc	l.	980	—	2 O. l.	3	10
60 Marc	l.	840	—	1 O. l.	1	15
50 Marc	l.	700	—	23 D. l. 1	13	6
40 Marc	l.	560	—	22 D. l. 1	12	1
30 Marc	l.	420	—	21 D. l. 1	10	7
20 Marc	l.	280	—	20 D. l. 1	9	2
19 Marc	l.	266	—	19 D. l. 1	7	8
18 Marc	l.	252	—	18 D. l. 1	6	3
17 Marc	l.	238	—	17 D. l. 1	4	9
16 Marc	l.	224	—	16 D. l. 1	3	4
15 Marc	l.	210	—	15 D. l. 1	2	10
14 Marc	l.	196	—	14 D. l. 1	—	5
13 Marc	l.	182	—	13 D. l. —	18	11
12 Marc	l.	168	—	12 D. l. —	17	6
11 Marc	l.	154	—	11 D. l. —	16	—
10 Marc	l.	140	—	10 D. l. —	14	6
9 Marc	l.	126	—	9 D. l. —	13	1
8 Marc	l.	112	—	8 D. l. —	11	8
7 Marc	l.	98	—	7 D. l. —	10	2
6 Marc	l.	84	—	6 D. l. —	8	9
5 Marc	l.	70	—	5 D. l. —	7	3
4 Marc	l.	56	—	4 D. l. —	5	10
3 Marc	l.	42	—	3 D. l. —	4	4
2 Marc	l.	28	—	2 D. l. —	2	11
1 Marc	l.	14	—	1 D. l. —	1	5

le Marc à 14. 10. l'Once à l. 1. 16. 3. d.

300 Marc l.	4350	—	7 O. l.	12	13	9
200 Marc l.	2900	—	6 O. l.	10	17	6
100 Marc l.	1450	—	5 O. l.	9	1	3
90 Marc l.	1305	—	4 O. l.	7	5	—
80 Marc l.	1160	—	3 O. l.	5	8	9
70 Marc l.	1015	—	2 O. l.	3	12	6
60 Marc l.	870	—	1 O. l.	1	16	3
50 Marc l.	725	—	23 D. l.	2	14	7
40 Marc l.	580	—	22 D. l.	1	13	1
30 Marc l.	435	—	21 D. l.	1	11	7
20 Marc l.	290	—	20 D. l.	1	10	1
19 Marc l.	275	10	19 D. l.	1	8	7
18 Marc l.	261	—	18 D. l.	1	7	1
17 Marc l.	246	10	17 D. l.	1	5	7
16 Marc l.	232	—	16 D. l.	1	4	1
15 Marc l.	217	10	15 D. l.	1	2	7
14 Marc l.	203	—	14 D. l.	1	1	1
13 Marc l.	188	10	13 D. l.	—	19	7
12 Marc l.	174	—	12 D. l.	—	18	1
11 Marc l.	159	10	11 D. l.	—	16	6
10 Marc l.	145	—	10 D. l.	—	15	—
9 Marc l.	130	10	9 D. l.	—	13	6
8 Marc l.	116	—	8 D. l.	—	12	—
7 Marc l.	101	10	7 D. l.	—	10	6
6 Marc l.	87	—	6 D. l.	—	9	—
5 Marc l.	72	10	5 D. l.	—	7	6
4 Marc l.	58	—	4 D. l.	—	6	—
3 Marc l.	43	10	3 D. l.	—	4	6
2 Marc l.	29	—	2 D. l.	—	3	—
1 Marc l.	14	10	1 D. l.	—	1	6

Fraction & 6. pris different au Marc.

1 Marc l.	14	2	6		1 Marc l.	14	12	6
4 Onc. l.	7	1	3		4 Onc. l.	7	6	3
2 Onc. l.	3	10	7		2 Onc. l.	3	13	1
1 Onc. l.	1	15	3		1 Onc. l.	1	16	6
12 De. l.	—	17	7		12 Den. l.	—	18	3
6 Den. l.	—	8	9		6 Den. l.	—	9	1
3 Den. l.	—	4	4		3 Den. l.	—	4	6
2 Den. l.	—	2	11		2 Den. l.	—	3	—
1 Den. l.	—	1	5		1 Den. l.	—	1	6
½ Den. l.	—	—	8		½ Den. l.	—	—	9
1 Marc l.	14	5	—		1 Marc l.	14	15	—
4 Onc. l.	7	2	6		4 Onc. l.	7	7	6
2 Onc. l.	3	11	3		2 Onc. l.	3	13	9
1 Onc. l.	1	15	7		1 Onc. l.	1	16	10
12 De. l.	—	17	9		12 De. l.	—	18	5
6 Den. l.	—	8	10		6 Den. l.	—	9	2
3 Den. l.	—	4	5		3 Den. l.	—	4	7
2 Den. l.	—	2	11		2 Den. l.	—	3	—
1 Den. l.	—	1	5		1 Den. l.	—	1	6
½ Den. l.	—	—	8		½ Den. l.	—	—	9
1 Marc l.	14	7	6		1 Marc l.	14	17	6
4 Onc. l.	7	3	9		4 Onc. l.	7	8	9
2 Onc. l.	3	11	10		2 Onc. l.	3	14	4
1 Onc. l.	1	15	11		1 Onc. l.	1	17	2
4 Gros l.	—	17	11		4 Gros l.	—	18	7
2 Gros l.	—	8	11		2 Gros l.	—	9	3
1 Gro l.	—	4	5		1 Gro l.	—	4	7
½ Gro l.	—	2	2		½ Gro l.	—	2	3
1 Den. l.	—	1	6		1 Den. l.	—	1	6

Fraction & 6. pris different au Marc

1 Marc l.	15	26		1 Marc l.	15	12	6
4 Onc. l.	7	11	3	4 Onc. l.	7	16	3
2 Onc. l.	3	15	7½	2 Onc. l.	3	18	1
1 Onc. l.	1	17	9½	1 Onc. l.	1	19	—
12 De. l.	—	18	10	12 De. l.	—	19	6
6 Den. l.	—	9	5	6 Den. l.	—	9	9
3 Den. l.	—	4	8½	3 Den. l.	—	4	10
2 Den. l.	—	3	1⅔	2 Den. l.	—	3	3
1 Den. l.	—	1	6	1 Den. l.	—	1	7
½ Den. l.	—	—	9	½ Den. l.	—	—	9
1 Marc l.	15	5	—	1 Marc l.	15	15	—
4 Onc. l.	7	12	6	4 Onc. l.	7	17	6
2 Onc. l.	3	16	3	2 Onc. l.	3	18	9
1 Onc. l.	1	18	1	1 Onc. l.	1	19	4
12 De. l.	—	19	—	12 De. l.	—	19	8
6 Den. l.	—	9	6	6 Den. l.	—	9	10
3 Den. l.	—	4	9	3 Den. l.	—	4	11
2 Den. l.	—	3	2	2 Den. l.	—	3	3
1 Den. l.	—	1	7	1 Den. l.	—	1	7
½ Den. l.	—	—	9	½ Den. l.	—	—	9
1 Marc l.	15	7	6	1 Marc l.	15	17	6
4 Onc. l.	7	13	9	4 Onc. l.	7	18	9
2 Onc. l.	3	16	0	2 Onc. l.	3	19	4
1 Onc. l.	1	18	5	1 Onc. l.	1	19	8
12 De. l.	—	19	2	12 De. l.	—	19	10
6 Den. l.	—	9	7	6 Den. l.	—	9	11
3 Den. l.	—	4	9	3 Den. l.	—	4	11
2 Den. l.	—	3	2	2 Den. l.	—	3	3
1 Den. l.	—	1	7	1 Den. l.	—	1	7

le Marc à l. 15. l'Once à l. 1. 17. 6. d.				
300 Marc l. 4500	7 O. l.	13	2	6
200 Marc l. 3000	6 O. l.	11	5	—
100 Marc l. 1500	5 O. l.	9	7	6
90 Marc l. 1350	4 O. l.	7	10	—
80 Marc l. 1200	3 O. l.	5	12	6
70 Marc l. 1050	2 O. l.	3	15	—
60 Marc l. 900	1 O. l.	1	17	6
50 Marc l. 750	23 D. l.	1	15	10
40 Marc l. 600	22 D. l.	1	14	4
30 Marc l. 450	21 D. l.	1	12	9
20 Marc l. 300	20 D. l.	1	11	2
19 Marc l. 285	19 D. l.	1	9	7
18 Marc l. 270	18 D. l.	1	8	1
17 Marc l. 255	17 D. l.	1	6	6
16 Marc l. 240	16 D. l.	1	4	11
15 Marc l. 225	15 D. l.	1	3	5
14 Marc l. 210	14 D. l.	1	1	10
13 Marc l. 195	13 D. l.	1		3
12 Marc l. 180	12 D. l.	—	18	9
11 Marc l. 165	11 D. l.	—	17	2
10 Marc l. 150	10 D. l.	—	15	6
9 Marc l. 135	9 D. l.	—	14	—
8 Marc l. 120	8 D. l.	—	12	5
7 Marc l. 105	7 D. l.	—	10	10
6 Marc l. 90	6 D. l.	—	9	4
5 Marc l. 75	5 D. l.	—	7	9
4 Marc l. 60	4 D. l.	—	6	2
3 Marc l. 45	3 D. l.	—	4	8
2 Marc l. 30	2 D. l.	—	3	1
1 Marc l. 15	1 D. l.	—	1	6

le Marc à l. 15. 10. l'Once à l. 1. 18. 9. d.

Marcs	l.	s.	d.	Onces/Deniers	l.	s.	d.
300 Marc l.	4650	—		70 O. l.	13	11	3
200 Marc l.	3100	—		60 O. l.	11	12	6
100 Marc l.	1550	—		50 O. l.	9	13	9
90 Marc l.	1395	—		40 O. l.	7	15	—
80 Marc l.	1240	—		30 O. l.	5	16	3
70 Marc l.	1085	—		20 O. l.	3	17	6
60 Marc l.	930	—		10 O. l.	1	18	9
50 Marc l.	775	—		23 D. l.	1	17	—
40 Marc l.	620	—		22 D. l.	1	15	5
30 Marc l.	465	—		21 D. l.	1	13	10
20 Marc l.	310	—		20 D. l.	1	12	2
19 Marc l.	294	10		19 D. l.	1	10	7
18 Marc l.	279	—		18 D. l.	1	9	—
17 Marc l.	263	10		17 D. l.	1	7	4
16 Marc l.	248	—		16 D. l.	1	5	8
15 Marc l.	232	10		15 D. l.	1	4	2
14 Marc l.	217	—		14 D. l.	1	2	6
13 Marc l.	201	10		13 D. l.	1	—	11
12 Marc l.	186	—		12 D. l.	—	19	4
11 Marc l.	170	10		11 D. l.	—	17	8
10 Marc l.	155	—		10 D. l.	—	16	1
9 Marc l.	139	10		9 D. l.	—	14	6
8 Marc l.	124	—		8 D. l.	—	12	10
7 Marc l.	108	10		7 D. l.	—	11	3
6 Marc l.	93	—		6 D. l.	—	9	8
5 Marc l.	77	10		5 D. l.	—	8	—
4 Marc l.	62	—		4 D. l.	—	6	5
3 Marc l.	46	10		3 D. l.	—	4	10
2 Marc l.	31	—		2 D. l.	—	3	2
1 Marc l.	15	10		1 D. l.	—	1	7

le Marc à l. 16. Once à l. 1.

300 Marc l. 4800 —		7 O.l.	14	—
200 Marc l. 3200 —		6 O.l.	12	—
100 Marc l. 1600 —		5 O.l.	10	—
90 Marc l. 1440 —		4 O.l.	8	—
80 Marc l. 1280 —		3 O.l.	6	—
70 Marc l. 1120 —		2 O.l.	4	—
60 Marc l. 960 —		1 O.l.	2	—
50 Marc l. 800 —		23 D.l. 1	18	4
40 Marc l. 640 —		22 D.l. 1	16	8
30 Marc l. 480 —		21 D.l. 1	15	—
20 Marc l. 320 —		20 D.l. 1	13	4
19 Marc l. 304 —		19 D.l. 1	11	8
18 Marc l. 288 —		18 D.l. 1	10	—
17 Marc l. 272 —		17 D.l. 1	8	4
16 Marc l. 256 —		16 D.l. 1	6	8
15 Marc l. 240 —		15 D.l. 1	5	—
14 Marc l. 224 —		14 D.l. 1	3	4
13 Marc l. 208 —		13 D.l. 1	1	8
12 Marc l. 192 —		12 D.l. 1	—	—
11 Marc l. 176 —		11 D.l. —	18	4
10 Marc l. 160 —		10 D.l. —	16	8
9 Marc l. 144 —		9 D.l. —	15	—
8 Marc l. 128 —		8 D.l. —	13	4
7 Marc l. 112 —		7 D.l. —	11	8
6 Marc l. 96 —		6 D.l. —	10	—
5 Marc l. 80 —		5 D.l. —	8	4
4 Marc l. 64 —		4 D.l. —	6	8
3 Marc l. 48 —		3 D.l. —	5	—
2 Marc l. 32 —		2 D.l. —	3	4
1 Marc l. 16 —		1 D.l. —	1	8

le Marc à l. 26. 10. l'Onc. à l. 2. 1. 3.

300 Marc l. 4950	—	7 O. l. 14	8	9
200 Marc l. 3300	—	6 O. l. 12	7	6
100 Marc l. 1650	—	5 O. l. 10	6	3
90 Marc l. 1485	—	4 O. l. 8	5	—
80 Marc l. 1320	—	3 O. l. 6	3	9
70 Marc l. 1155	—	2 O. l. 4	2	6
60 Marc l. 990	—	1 O. l. 2	1	3
50 Marc l. 825	—	23 D. l. 1	19	4
40 Marc l. 660	—	22 D. l. 1	17	7
30 Marc l. 495	—	21 D. l. 1	15	10
20 Marc l. 330	—	20 D. l. 1	14	3
19 Marc l. 313	10	19 D. l. 1	12	6
18 Marc l. 297	—	18 D. l. 1	10	10
17 Marc l. 280	10	17 D. l. 1	9	1
16 Marc l. 264	—	16 D. l. 1	7	5
15 Marc l. 247	10	15 D. l. 1	5	8
14 Marc l. 231	—	14 D. l. 1	4	—
13 Marc l. 214	10	13 D. l. 1	2	2
12 Marc l. 198	—	12 D. l. 1	—	7
11 Marc l. 181	10	11 D. l. —	18	9
10 Marc l. 165	—	10 D. l. —	17	1
9 Marc l. 148	10	9 D. l. —	15	4
8 Marc l. 132	—	8 D. l. —	13	8
7 Marc l. 115	10	7 D. l. —	11	11
6 Marc l. 99	—	6 D. l. —	10	3
5 Marc l. 82	10	5 D. l. —	8	6
4 Marc l. 66	—	4 D. l. —	6	10
3 Marc l. 49	10	3 D. l. —	5	1
2 Marc l. 33	—	2 D. l. —	3	5
1 Marc l. 16	10	1 D. l. —	1	8

Fraction d'6. pris differentau Marc.

1 Marc l.	16	2	6	1 Marc l.	16	12	6
4 Onc. l.	8	1	3	4 Onc. l.	8	6	3
2 Onc. l.	4	—	7	2 Onc. l.	4	3	1
1 Onc. l.	2	—	3	1 Onc. l.	2	1	6
12 De. l.	1	—	1	12 De. l.	1	—	9
6 Den. l.	—	10	—	6 Den. l.	—	10	4
3 Den. l.	—	5	—	3 Den. l.	—	5	2
2 Den. l.	—	3	4	2 Den. l.	—	3	5
1 Den. l.	—	1	8	1 Den. l.	—	1	8
½ Den. l.	—	—	10	½ Den. l.	—	—	10
1 Marc l.	16	5	—	1 Marc l.	16	15	—
4 Onc. l.	8	2	6	4 Onc. l.	8	7	6
2 Onc. l.	4	1	3	2 Onc. l.	4	3	9
1 Onc. l.	2	—	7	1 Onc. l.	2	1	10
12 De. l.	1	—	3	12 De. l.	1	—	11
6 Den. l.	—	10	1	6 Den. l.	—	10	5
3 Den. l.	—	5	—	3 Den. l.	—	5	2
2 Den. l.	—	3	4	2 Den. l.	—	3	5
1 Den. l.	—	1	8	1 Den. l.	—	1	8
½ Den. l.	—	—	10	½ Den. l.	—	—	10
1 Marc l.	16	7	6	1 Marc l.	16	17	6
4 Onc. l.	8	3	9	4 Onc. l.	8	8	9
2 Onc. l.	4	1	10	2 Onc. l.	4	4	4
1 Onc. l.	2	—	11	1 Onc. l.	2	2	2
12 De. l.	1	—	5	12 De. l.	1	1	1
6 Den. l.	—	10	2	6 Den. l.	—	10	6
3 Den. l.	—	5	1	3 Den. l.	—	5	3
2 Den. l.	—	3	4	2 Den. l.	—	3	6
1 Den. l.	—	1	8	1 Den. l.	—	1	9

Fraction & 6. pris différent au Marc.

	l.	s.	d.		l.	s.	d.
1 Marc l.	17	2	6	1 Marc l.	17	12	6
4 Onc. l.	8	11	3	4 Onc. l.	8	16	3
2 Onc. l.	4	5	7	2 Onc. l.	4	8	1
1 Onc. l.	2	2	9	1 Onc. l.	2	4	—
12 De. l.	1	1	4	12 Den. l.	1	2	—
6 Den. l.	—	10	8	6 Den. l.	—	11	—
3 Den. l.	—	5	4	3 Den. l.	—	5	6
2 Den. l.	—	3	6	2 Den. l.	—	3	8
1 Den. l.	—	1	9	1 Den. l.	—	1	10
½ Den. l.	—	—	10	½ Den. l.	—	—	11
1 Marc l.	17	5	—	1 Marc l.	17	15	—
4 Onc. l.	8	12	6	4 Onc. l.	8	17	6
2 Onc. l.	4	6	3	2 Onc. l.	4	8	9
1 Onc. l.	2	3	1	1 Onc. l.	2	4	4
12 De. l.	1	1	6	12 De. l.	1	2	2
6 Den. l.	—	10	9	6 Den. l.	—	11	1
3 Den. l.	—	5	4	3 Den. l.	—	5	6
2 Den. l.	—	3	7	2 Den. l.	—	3	8
1 Den. l.	—	1	9	1 Den. l.	—	1	10
½ Den. l.	—	—	10	½ Den. l.	—	—	11
1 Marc l.	17	7	6	1 Marc l.	17	17	6
4 Onc. l.	8	13	9	4 Onc. l.	8	18	9
2 Onc. l.	4	6	10	2 Onc. l.	4	9	4
1 Onc. l.	2	3	5	1 Onc. l.	2	4	8
4 Gros l.	1	1	8	4 Gros l.	1	2	4
2 Gros l.	—	10	10	2 Gros l.	—	11	2
1 Gro l.	—	5	5	1 Gro l.	—	5	7
½ Gro l.	—	2	8	½ Gro l.	—	2	9
1 Den. l.	—	1	9	1 Den. l.	—	1	10

le Marc à l. 17.	l'Once à l. 2. 2. 6. d.
300 Marc l. 5100 —	7 On. l. 14 17 6
200 Marc l. 3400 —	6 On. l. 12 15 —
100 Marc l. 1700 —	5 On. l. 10 12 6
90 Marc l. 1530 —	4 On. l. 8 10 —
80 Marc l. 1360 —	3 On. l. 6 7 6
70 Marc l. 1190 —	2 On. l. 4 5 —
60 Marc l. 1020 —	1 On. l. 2 2 6
50 Marc l. 850 —	23 De. l. 2 — 7
40 Marc l. 680 —	22 De. l. 1 18 10
30 Marc l. 510 —	21 De. l. 1 17 1
20 Marc l. 340 —	20 De. l. 1 15 4
19 Marc l. 323 —	19 De. l. 1 13 7
18 Marc l. 306 —	18 De. l. 1 11 10
17 Marc l. 289 —	17 De. l. 1 10 —
16 Marc l. 272 —	16 De. l. 1 8 3
15 Marc l. 255 —	15 De. l. 1 6 6
14 Marc l. 238 —	14 De. l. 1 4 9
13 Marc l. 221 —	13 De. l. 1 3 —
12 Marc l. 204 —	12 De. l. 1 1 3
11 Marc l. 187 —	11 De. l. — 19 4
10 Marc l. 170 —	10 De. l. — 17 7
9 Marc l. 153 —	9 De. l. — 15 10
8 Marc l. 136 —	8 De. l. — 14 1
7 Marc l. 119 —	7 De. l. — 12 4
6 Marc l. 102 —	6 De. l. — 10 7
5 Marc l. 85 —	5 De. l. — 8 9
4 Marc l. 68 —	4 De. l. — 7 —
3 Marc l. 51 —	3 De. l. — 5 3
2 Marc l. 34 —	2 De. l. — 3 6
1 Marc l. 17 —	1 De. l. — 1 9

le Marc à l. 17. 10. l'Oonc. à l. 2. 3. 9. d.

300 Marc l.	5250	—	7 On. l.	15	6	3
200 Marc l.	3500	—	6 On. l.	13	2	6
100 Marc l.	1750	—	5 On. l.	10	18	9
90 Marc l.	1575	—	4 On. l.	8	15	—
80 Marc l.	1400	—	3 On. l.	6	11	3
70 Marc l.	1225	—	2 On. l.	4	7	6
60 Marc l.	1050	—	1 On. l.	2	3	9
50 Marc l.	875	—	23 De. l.	2	1	9
40 Marc l.	700	—	22 De. l.	1	19	11
30 Marc l.	525	—	21 De. l.	1	18	2
20 Marc l.	350	—	20 De. l.	1	16	4
19 Marc l.	332	10	19 De. l.	1	14	6
18 Marc l.	315	—	18 De. l.	1	12	9
17 Marc l.	297	10	17 De. l.	1	10	10
16 Marc l.	280	—	16 De. l.	1	9	—
15 Marc l.	262	10	15 De. l.	1	7	3
14 Marc l.	245	—	14 De. l.	1	5	5
13 Marc l.	227	10	13 De. l.	1	3	7
12 Marc l.	210	—	12 De. l.	1	1	10
11 Marc l.	192	10	11 De. l.	—	19	11
10 Marc l.	175	—	10 De. l.	—	18	1
9 Marc l.	157	10	9 De. l.	—	16	4
8 Marc l.	140	—	8 De. l.	—	14	6
7 Marc l.	122	10	7 De. l.	—	12	8
6 Marc l.	105	—	6 De. l.	—	10	11
5 Marc l.	87	10	5 De. l.	—	9	—
4 Marc l.	70	—	4 De. l.	—	7	2
3 Marc l.	52	10	3 De. l.	—	5	5
2 Marc l.	35	—	2 De. l.	—	3	7
1 Marc l.	17	10	1 De. l.	—	1	9

le Marc à l. 18. l'Once à l. 2. 5.

300 Marc l.	5400	—	7 On. l.	15	15	—
200 Marc l.	3600	—	6 On. l.	13	10	—
100 Marc l.	1800	—	5 On. l.	11	5	—
90 Marc l.	1620	—	4 On. l.	9	—	
80 Marc l.	1440	—	3 On. l.	6	15	—
70 Marc l.	1260	—	2 On. l.	4	10	—
60 Marc l.	1080	—	1 On. l.	2	5	—
50 Marc l.	900	—	23 De. l.	2	3	1
40 Marc l.	720	—	22 De. l.	2	1	2
30 Marc l.	540	—	21 De. l.	1	19	4
20 Marc l.	360	—	20 De. l.	1	17	6
19 Marc l.	342	—	19 De. l.	1	15	7
18 Marc l.	324	—	18 De. l.	1	13	9
17 Marc l.	306	—	17 De. l.	1	11	10
16 Marc l.	288	—	16 De. l.	1	10	—
15 Marc l.	270	—	15 De. l.	1	8	1
14 Marc l.	252	—	14 De. l.	1	6	3
13 Marc l.	234	—	13 De. l.	1	4	4
12 Marc l.	216	—	12 De. l.	1	2	6
11 Marc l.	198	—	11 De. l.	1	—	7
10 Marc l.	180	—	10 De. l.	—	18	9
9 Marc l.	162	—	9 De. l.	—	16	10
8 Marc l.	144	—	8 De. l.	—	15	—
7 Marc l.	126	—	7 De. l.	—	13	1
6 Marc l.	108	—	6 De. l.	—	11	3
5 Marc l.	90	—	5 De. l.	—	9	4
4 Marc l.	72	—	4 De. l.	—	7	6
3 Marc l.	54	—	3 De. l.	—	5	7
2 Marc l.	36	—	2 De. l.	—	3	9
1 Marc l.	18	—	1 De. l.	—	1	10

le Marc à 18. 10. l'Once à 1. 2. 6. 3. d.

Marc	l.	s.		Once	l.	s.	d.
300 Marc	l. 5550	—		7 On.	l. 16	3	9
200 Marc	l. 3700	—		6 On.	l. 13	17	6
100 Marc	l. 1850	—		5 On.	l. 11	11	3
90 Marc	l. 1665	—		4 On.	l. 9	5	—
80 Marc	l. 1480	—		3 On.	l. 6	18	9
70 Marc	l. 1295	—		2 On.	l. 4	12	6
60 Marc	l. 1110	—		1 On.	l. 2	6	3
50 Marc	l. 925	—		23 De.	l. 2	4	2
40 Marc	l. 740	—		22 De.	l. 2	2	3
30 Marc	l. 555	—		21 De.	l. 2	—	4
20 Marc	l. 370	—		20 De.	l. 1	18	5
19 Marc	l. 351	10		19 De.	l. 1	16	6
18 Marc	l. 333	—		18 De.	l. 1	14	7
17 Marc	l. 314	10		17 De.	l. 1	12	8
16 Marc	l. 296	—		16 De.	l. 1	10	9
15 Marc	l. 277	10		15 De.	l. 1	8	10
14 Marc	l. 259	—		14 De.	l. 1	6	11
13 Marc	l. 240	10		13 De.	l. 1	5	—
12 Marc	l. 222	—		12 De.	l. 1	3	1
11 Marc	l. 203	10		11 De.	l. 1	1	1
10 Marc	l. 185	—		10 De.	l. —	19	2
9 Marc	l. 166	10		9 De.	l. —	17	3
8 Marc	l. 148	—		8 De.	l. —	15	4
7 Marc	l. 129	10		7 De.	l. —	13	5
6 Marc	l. 111	—		6 De.	l. —	11	6
5 Marc	l. 92	10		5 De.	l. —	9	7
4 Marc	l. 74	—		4 De.	l. —	7	8
3 Marc	l. 55	10		3 De.	l. —	5	9
2 Marc	l. 37	—		2 De.	l. —	3	10
1 Marc	l. 18	10		1 De.	l. —	1	11

Fraction & 6. pris different au Marc.

1 Marc l. 18	2	6	1 Marc l. 18	12	6
4 Onc. l. 9	1	3	4 Onc. l. 9	6	3
2 Onc. l. 4	10	7	2 Onc. l. 4	13	1
1 Onc. l. 2	5	3	1 Onc. l. 2	6	6
12 De. l. 1	2	7	12 Den. l. 1	3	3
6 Den. l. —	11	3	6 Den. l. —	11	7
3 Den. l. —	5	7	3 Den. l. —	5	9
2 Den. l. —	3	9	2 Den. l. —	3	10
1 Den. l. —	1	10	1 Den. l. —	1	11
½ Den. l. —	—	11	½ Den. l. —	—	11
1 Marc l. 18	5	—	1 Marc l. 18	15	—
4 Onc. l. 9	2	6	4 Onc. l. 9	7	6
2 Onc. l. 4	11	3	2 Onc. l. 4	13	9
1 Onc. l. 2	5	7	1 Onc. l. 2	6	10
12 De. l. 1	2	9	12 De. l. 1	3	5
6 Den. l. —	11	4	6 Den. l. —	11	8
3 Den. l. —	5	8	3 Den. l. —	5	10
2 Den. l. —	3	9	2 Den. l. —	3	10
1 Den. l. —	1	10	1 Den. l. —	1	11
½ Den. l. —	—	11	½ Den. l. —	—	11
1 Marc l. 18	7	6	1 Marc l. 18	17	6
4 Onc. l. 9	3	9	4 Onc. l. 9	8	9
1 Onc. l. 4	11	10	2 Onc. l. 4	14	4
2 Onc. l. 2	5	11	1 Onc. l. 2	7	2
4 Gros l. 1	2	11	4 Gros l. 1	3	7
2 Gros l. —	11	5	2 Gros l. —	11	9
1 Gro l. —	5	8	1 Gro l. —	5	10
½ Gro l. —	2	10	½ Gro l. —	2	11
1 Den. l. —	1	10	1 Den. l. —	1	11

Fraction de 6. pris different au Marc

1 Marc l.	19	2	6	1 Marc l.	19	12	6
4 Onc. l.	9	11	3	4 Onc. l.	9	16	3
2 Onc. l.	4	15	7	2 Onc. l.	4	18	1
1 Onc. l.	2	7	9	1 Onc. l.	2	9	—
12 De. l.	1	3	10	12 De. l.	1	4	6
6 Den. l.	—	11	11	6 Den. l.	—	12	2
3 Den. l.	—	5	11	3 Den. l.	—	6	1
2 Den. l.	—	3	11	2 Den. l.	—	4	—
1 Den. l.	—	1	11	1 Den. l.	—	2	—
½ Den. l.	—	—	11	½ Den. l.	—	1	—
1 Marc l.	19	5	—	1 Marc l.	19	15	—
4 Onc. l.	9	12	6	4 Onc. l.	9	17	6
2 Onc. l.	4	16	3	2 Onc. l.	4	18	9
1 Onc. l.	2	8	1	1 Onc. l.	2	9	4
12 De. l.	1	4	—	12 De. l.	1	4	8
6 Den. l.	—	12	—	6 Den. l.	—	12	4
3 Den. l.	—	6	—	3 Den. l.	—	6	2
2 Den. l.	—	4	—	2 Den. l.	—	4	1
1 Den. l.	—	2	—	1 Den. l.	—	2	—
½ Den. l.	—	1	—	½ Den. l.	—	1	—
1 Marc l.	19	7	6	1 Marc l.	19	17	6
4 Onc. l.	9	13	9	4 Onc. l.	9	18	9
2 Onc. l.	4	16	10	2 Onc. l.	4	19	4
1 Onc. l.	2	8	5	1 Onc. l.	2	9	8
12 De. l.	1	4	2	12 De. l.	1	4	10
6 Den. l.	—	12	1	6 Den. l.	—	12	5
3 Den. l.	—	6	—	3 Den. l.	—	6	2
2 Den. l.	—	4	—	2 Den. l.	—	4	1
1 Den. l.	—	2	—	1 Den. l.	—	2	—

le Marc à l. 19. l'Once à l. 2. 7. 6. d.

300 Marc l.	5700	—	7 On. l.	16	12	6
200 Marc l.	3800	—	6 On. l.	14	5	—
100 Marc l.	1900	—	5 On. l.	11	17	6
90 Marc l.	1710	—	4 On. l.	9	10	—
80 Marc l.	1520	—	3 On. l.	7	2	6
70 Marc l.	1330	—	2 On. l.	4	15	—
60 Marc l.	1140	—	1 On. l.	2	7	6
50 Marc l.	950	—	23 De. l.	2	5	5
40 Marc l.	760	—	22 De. l.	2	3	5
30 Marc l.	570	—	21 De. l.	2	1	6
20 Marc l.	380	—	20 De. l.	1	19	7
19 Marc l.	361	—	19 De. l.	1	17	7
18 Marc l.	342	—	18 De. l.	1	15	8
17 Marc l.	323	—	17 De. l.	1	13	7
16 Marc l.	304	—	16 De. l.	1	11	7
15 Marc l.	285	—	15 De. l.	1	9	8
14 Marc l.	266	—	14 De. l.	1	7	8
13 Marc l.	247	—	13 De. l.	1	5	8
12 Marc l.	228	—	12 De. l.	1	3	9
11 Marc l.	209	—	11 De. l.	1	1	8
10 Marc l.	190	—	10 De. l.	—	19	8
9 Marc l.	171	—	9 De. l.	—	17	9
8 Marc l.	152	—	8 De. l.	—	15	9
7 Marc l.	133	—	7 De. l.	—	13	9
6 Marc l.	114	—	6 De. l.	—	11	10
5 Marc l.	95	—	5 De. l.	—	9	10
4 Marc l.	76	—	4 De. l.	—	7	10
3 Marc l.	57	—	3 De. l.	—	5	11
2 Marc l.	38	—	2 De. l.	—	3	11
1 Marc l.	19	—	1 De. l.	—	1	12

le Marc à l. 19. 10. l'Once à l. 2. 8. 9. d.

300 Marc l.	5850	—	7 On. l.	17	5	3
200 Marc l.	3900	—	6 On. l.	14	12	6
100 Marc l.	1950	—	5 On. l.	12	3	9
90 Marc l.	1755	—	4 On. l.	9	15	—
80 Marc l.	1560	—	3 On. l.	7	6	3
70 Marc l.	1365	—	2 On. l.	4	17	6
60 Marc l.	1170	—	1 On. l.	2	8	9
50 Marc l.	975	—	23 De. l.	2	6	7
40 Marc l.	780	—	22 De. l.	2	4	7
30 Marc l.	585	—	21 De. l.	2	2	7
20 Marc l.	390	—	20 De. l.	2	—	6
19 Marc l.	370	10	19 De. l.	1	18	6
18 Marc l.	351	—	18 De. l.	1	16	6
17 Marc l.	331	10	17 De. l.	1	14	5
16 Marc l.	312	—	16 De. l.	1	12	5
15 Marc l.	292	10	15 De. l.	1	10	5
14 Marc l.	273	—	14 De. l.	1	8	4
13 Marc l.	253	10	13 De. l.	1	6	4
12 Marc l.	234	—	12 De. l.	1	4	4
11 Marc l.	214	10	11 De. l.	1	2	3
10 Marc l.	195	—	10 De. l.	1	—	3
9 Marc l.	175	10	9 De. l.	—	18	3
8 Marc l.	156	—	8 De. l.	—	16	2
7 Marc l.	136	10	7 De. l.	—	14	2
6 Marc l.	117	—	6 De. l.	—	12	2
5 Marc l.	97	10	5 De. l.	—	10	1
4 Marc l.	78	—	4 De. l.	—	8	1
3 Marc l.	58	10	3 De. l.	—	6	1
2 Marc l.	39	—	2 De. l.	—	4	—
1 Marc l.	19	10	1 De. l.	—	2	—

le Marc à l. 20. Once à l. 2. 10.

300 Marc	l. 6000	—	7 On.	l. 17	10	—
200 Marc	l. 4000	—	6 On.	l. 15	—	—
100 Marc	l. 2000	—	5 On.	l. 12	10	—
90 Marc	l. 1800	—	4 On.	l. 10	—	—
80 Marc	l. 1600	—	3 On.	l. 7	10	—
70 Marc	l. 1400	—	2 On.	l. 5	—	—
60 Marc	l. 1200	—	1 On.	l. 2	10	—
50 Marc	l. 1000	—	23 De.	l. 2	7	12
40 Marc	l. 800	—	22 De.	l. 2	5	10
30 Marc	l. 600	—	21 De.	l. 2	3	9
20 Marc	l. 400	—	20 De.	l. 2	1	8
19 Marc	l. 380	—	19 De.	l. 1	19	7
18 Marc	l. 360	—	18 De.	l. 1	17	6
17 Marc	l. 340	—	17 De.	l. 1	15	5
16 Marc	l. 320	—	16 De.	l. 1	13	4
15 Marc	l. 300	—	15 De.	l. 1	12	3
14 Marc	l. 280	—	14 De.	l. 1	9	2
13 Marc	l. 260	—	13 De.	l. 1	7	1
12 Marc	l. 240	—	12 De.	l. 1	5	—
11 Marc	l. 220	—	11 De.	l. 1	2	11
10 Marc	l. 200	—	10 De.	l. 1	—	10
9 Marc	l. 180	—	9 De.	l. —	18	9
8 Marc	l. 160	—	8 De.	l. —	16	8
7 Marc	l. 140	—	7 De.	l. —	14	7
6 Marc	l. 120	—	6 De.	l. —	12	6
5 Marc	l. 100	—	5 De.	l. —	10	5
4 Marc	l. 80	—	4 De.	l. —	8	4
3 Marc	l. 60	—	3 De.	l. —	6	3
2 Marc	l. 40	—	2 De.	l. —	4	2
1 Marc	l. 20	—	1 De.	l. —	2	1

le Marc à l. 20. 10. l'Once à l. 2. 11. 3.

300 Marc	l. 6150	—	7 On.	l. 17	18	9
200 Marc	l. 4100	—	6 On.	l. 15	7	6
100 Marc	l. 2050	—	5 On.	l. 12	16	3
90 Marc	l. 1845	—	4 On.	l. 10	5	—
80 Marc	l. 1640	—	3 On.	l. 7	13	9
70 Marc	l. 1435	—	2 On.	l. 5	2	6
60 Marc	l. 1230	—	1 On.	l. 2	11	3
50 Marc	l. 1025	—	23 De. l.	2	8	11
40 Marc	l. 820	—	22 De. l.	2	6	9
30 Marc	l. 615	—	21 De. l.	2	4	8
20 Marc	l. 410	—	20 De. l.	2	2	7
19 Marc	l. 389	10	19 De. l.	2	—	5
18 Marc	l. 369	—	18 De. l.	1	18	4
17 Marc	l. 348	10	17 De. l.	1	16	2
16 Marc	l. 328	—	16 De. l.	1	14	—
15 Marc	l. 307	10	15 De. l.	1	11	11
14 Marc	l. 287	—	14 De. l.	1	9	10
13 Marc	l. 266	10	13 De. l.	1	7	8
12 Marc	l. 246	—	12 De. l.	1	5	7
11 Marc	l. 225	10	11 De. l.	1	3	4
10 Marc	l. 205	—	10 De. l.	1	1	2
9 Marc	l. 184	10	9 De. l.	—	19	1
8 Marc	l. 164	—	8 De. l.	—	17	—
7 Marc	l. 143	10	7 De. l.	—	14	10
6 Marc	l. 123	—	6 De. l.	—	12	9
5 Marc	l. 102	10	5 De. l.	—	10	7
4 Marc	l. 82	—	4 De. l.	—	8	6
3 Marc	l. 61	10	3 De. l.	—	6	4
2 Marc	l. 41	—	2 De. l.	—	4	3
1 Marc	l. 20	10	1 De. l.	—	2	1

Fraction à 6. pris differentau Marc.

1 Marc l. 20	2	6	1 Marc l. 20	12	6
4 Onc. l. 10	1	3	4 Onc. l. 10	6	3
2 Onc. l. 5	—	7	2 Onc. l. 5	3	1
1 Onc. l. 2	10	3	1 Onc. l. 2	11	6
12 De. l. 1	5	1	12 De. l. 1	5	9
6 Den. l. —	12	6	6 Den. l. —	12	10
3 Den. l. —	6	3	3 Den. l. —	6	5
2 Den. l. —	4	2	2 Den. l. —	4	3
1 Den. l. —	2	1	1 Den. l. —	2	1
½ Den. l. —	1	—	½ Den. l. —	1	—
1 Marc l. 20	5	—	1 Marc l. 20	15	—
4 Onc. l. 10	2	6	4 Onc. l. 10	7	6
2 Onc. l. 5	1	3	2 Onc. l. 5	3	9
1 Onc. l. 2	10	7	1 Onc. l. 2	11	10
12 De. l. 1	5	3	12 De. l. 1	5	11
6 Den. l. —	12	7	6 Den. l. —	12	11
3 Den. l. —	6	3	3 Den. l. —	6	5
2 Den. l. —	4	2	2 Den. l. —	4	3
1 Den. l. —	2	1	1 Den. l. —	2	1
½ Den. l. —	1	—	½ Den. l. —	1	—
1 Marc l. 20	7	6	1 Marc l. 20	17	6
4 Onc. l. 10	3	9	4 Onc. l. 10	8	9
2 Onc. l. 5	1	10	2 Onc. l. 5	4	4
1 Onc. l. 2	10	11	1 Onc. l. 2	12	2
12 De. l. 1	5	5	12 De. l. 1	6	1
6 Den. l. —	12	8	6 Den. l. —	13	—
3 Den. l. —	6	4	3 Den. l. —	6	6
2 Den. l. —	4	2	2 Den. l. —	4	4
1 Den. l. —	2	1	1 Den. l. —	2	2

Fraction & 6. pris different au Marc.

1 Marc l.	21	2	6	1 Marc l. 21	12	6
4 Onc. l.	10	11	3	4 Onc. l. 10	16	3
2 Onc. l.	5	5	7	2 Onc. l. 5	8	1
1 Onc. l.	2	12	9	1 Onc. l. 2	14	—
12 De. l.	1	6	4	12 De. l. 1	7	—
6 Den. l.	—	13	2	6 Den. l. —	13	6
3 Den. l.	—	6	7	3 Den. l. —	6	9
2 Den. l.	—	4	4	2 Den. l. —	4	6
1 Den. l.	—	2	2	1 Den. l. —	2	3
½ Den. l.	—	1	1	½ Den. l. —	1	1
1 Marc l.	21	5	—	1 Marc l. 21	15	—
4 Onc. l.	10	12	6	4 Onc. l. 10	17	6
2 Onc. l.	5	6	3	2 Onc. l. 5	8	9
1 Onc. l.	2	13	1	1 Onc. l. 2	14	4
12 De. l.	1	6	6	12 De. l. 1	7	2
6 Den. l.	—	13	3	6 Den. l. —	13	7
3 Den. l.	—	6	7	3 Den. l. —	6	9
2 Den. l.	—	4	5	2 Den. l. —	4	6
1 Den. l.	—	2	2	1 Den. l. —	2	3
½ Den. l.	—	1	1	½ Den. l. —	1	1
1 Marc l.	21	7	6	1 Marc l. 21	17	6
4 Onc. l.	10	13	9	4 Onc. l. 10	18	9
2 Onc. l.	5	6	10	2 Onc. l. 5	9	4
1 Onc. l.	2	13	5	1 Onc. l. 2	14	8
12 Den. l.	1	6	8	12 De. l. 1	7	4
6 Den. l.	—	13	4	6 Den. l. —	13	8
3 Den. l.	—	6	8	3 Den. l. —	6	10
2 Den. l.	—	4	5	2 Den. l. —	4	6
1 Den. l.	—	2	2	1 Den. l. —	2	3

le Marc à l. 21.	l'Once à l. 2. 12. 6. d.
300 Marc l. 6300 —	7 On. l. 18 7 6
200 Marc l. 4200 —	6 On. l. 15 15 —
100 Marc l. 2100 —	5 On. l. 13 2 6
90 Marc l. 1890 —	4 On. l. 10 10 —
80 Marc l. 1680 —	3 On. l. 7 17 6
70 Marc l. 1470 —	2 On. l. 5 5 —
60 Marc l. 1260 —	1 On. l. 2 12 6
50 Marc l. 1050 —	23 De. l. 2 10 2
40 Marc l. 840 —	22 De. l. 2 8 —
30 Marc l. 630 —	21 De. l. 2 5 10
20 Marc l. 420 —	20 De. l. 2 3 8
19 Marc l. 399 —	19 De. l. 2 1 6
18 Marc l. 378 —	18 De. l. 1 19 4
17 Marc l. 357 —	17 De. l. 1 17 2
16 Marc l. 336 —	16 De. l. 1 14 11
15 Marc l. 315 —	15 De. l. 1 12 9
14 Marc l. 294 —	14 De. l. 1 10 7
13 Marc l. 273 —	13 De. l. 1 8 5
12 Marc l. 252 —	12 De. l. 1 6 3
11 Marc l. 231 —	11 De. l. 1 3 11
10 Marc l. 210 —	10 De. l. 1 1 9
9 Marc l. 189 —	9 De. l. — 19 7
8 Marc l. 168 —	8 De. l. — 17 5
7 Marc l. 147 —	7 De. l. — 15 3
6 Marc l. 126 —	6 De. l. — 13 1
5 Marc l. 105 —	5 De. l. — 10 10
4 Marc l. 84 —	4 De. l. — 8 8
3 Marc l. 63 —	3 De. l. — 6 6
2 Marc l. 42 —	2 De. l. — 4 4
1 Marc l. 21 —	1 De. l. — 2 2

le Marc à l. 21. 10. l'Onc. à l. 2. 13. 9. d.

300 Marc l.	6450	—	7 On. l.	18	16	3
200 Marc l.	4300	—	6 On. l.	16	2	6
100 Marc l.	2150	—	5 On. l.	13	8	9
90 Marc l.	1935	—	4 On. l.	10	15	—
80 Marc l.	1720	—	3 On. l.	8	1	3
70 Marc l.	1505	—	2 On. l.	5	7	6
60 Marc l.	1290	—	1 On. l.	2	13	9
50 Marc l.	1075	—	23 De. l.	2	11	4
40 Marc l.	860	—	22 De. l.	2	9	1
30 Marc l.	645	—	21 De. l.	2	6	11
20 Marc l.	430	—	20 De. l.	2	4	8
19 Marc l.	408	10	19 De. l.	2	2	5
18 Marc l.	387	—	18 De. l.	2	—	3
17 Marc l.	365	10	17 De. l.	1	17	11
16 Marc l.	344	—	16 De. l.	1	15	8
15 Marc l.	322	10	15 De. l.	1	13	6
14 Marc l.	301	—	14 De. l.	1	11	3
13 Marc l.	279	10	13 De. l.	1	9	—
12 Marc l.	258	—	12 De. l.	1	6	10
11 Marc l.	236	10	11 De. l.	1	4	6
10 Marc l.	215	—	10 De. l.	1	2	3
9 Marc l.	193	10	9 De. l.	1	—	1
8 Marc l.	172	—	8 De. l.	—	17	10
7 Marc l.	150	10	7 De. l.	—	15	7
6 Marc l.	129	—	6 De. l.	—	13	5
5 Marc l.	107	10	5 De. l.	—	11	1
4 Marc l.	86	—	4 De. l.	—	8	10
3 Marc l.	64	10	3 De. l.	—	6	8
2 Marc l.	43	—	2 De. l.	—	4	5
1 Marc l.	21	10	1 De. l.	—	2	2

le Marc à l. 22. l'Once à l. 2. 15.

300 Marc	l. 6600	—		7 On.	l. 19	5	—
200 Marc	l. 4400	—		6 On.	l. 16	10	—
100 Marc	l. 2200	—		5 On.	l. 13	15	—
90 Marc	l. 1980	—		4 On.	l. 11	—	—
80 Marc	l. 1760	—		3 On.	l. 8	5	—
70 Marc	l. 1540	—		2 On.	l. 5	10	—
60 Marc	l. 1320	—		1 On.	l. 2	15	—
50 Marc	l. 1100	—		23 De.	l. 2	12	8
40 Marc	l. 880	—		22 De.	l. 2	10	4
30 Marc	l. 660	—		21 De.	l. 2	8	1
20 Marc	l. 440	—		20 De.	l. 2	5	10
19 Marc	l. 418	—		19 De.	l. 2	3	6
18 Marc	l. 396	—		18 De.	l. 2	1	3
17 Marc	l. 374	—		17 De.	l. 1	18	11
16 Marc	l. 352	—		16 De.	l. 1	16	8
15 Marc	l. 330	—		15 De.	l. 1	14	4
14 Marc	l. 308	—		14 De.	l. 1	12	1
13 Marc	l. 286	—		13 De.	l. 1	9	9
12 Marc	l. 264	—		12 De.	l. 1	7	6
11 Marc	l. 242	—		11 De.	l. 1	5	2
10 Marc	l. 220	—		10 De.	l. 1	2	10
9 Marc	l. 198	—		9 De.	l. 1	—	7
8 Marc	l. 176	—		8 De.	l. —	18	4
7 Marc	l. 154	—		7 De.	l. —	16	—
6 Marc	l. 132	—		6 De.	l. —	13	9
5 Marc	l. 110	—		5 De.	l. —	11	5
4 Marc	l. 88	—		4 De.	l. —	9	2
3 Marc	l. 66	—		3 De.	l. —	6	10
2 Marc	l. 44	—		2 De.	l. —	4	7
1 Marc	l. 22	—		1 De.	l. —	2	3

le Marc à l. 22. 10. l'Once à l. 2. 16. 3. d.

300 Marc	l. 6750	—		7 On.	l. 19	13	9
200 Marc	l. 4500	—		6 On.	l. 16	17	6
100 Marc	l. 2250	—		5 On.	l. 14	1	3
90 Marc	l. 2025	—		4 On.	l. 11	5	—
80 Marc	l. 1800	—		3 On.	l. 8	8	9
70 Marc	l. 1575	—		2 On.	l. 5	12	6
60 Marc	l. 1350	—		1 On.	l. 2	16	3
50 Marc	l. 1125	—		23 De.	l. 2	13	9
40 Marc	l. 900	—		22 De.	l. 2	11	5
30 Marc	l. 675	—		21 De.	l. 2	9	1
20 Marc	l. 450	—		20 De.	l. 2	6	9
19 Marc	l. 427	10		19 De.	l. 2	4	5
18 Marc	l. 405	—		18 De.	l. 2	2	1
17 Marc	l. 382	10		17 De.	l. 1	19	9
16 Marc	l. 360	—		16 De.	l. 1	17	5
15 Marc	l. 337	10		15 De.	l. 1	15	1
14 Marc	l. 315	—		14 De.	l. 1	12	9
13 Marc	l. 292	10		13 De.	l. 1	10	5
12 Marc	l. 270	—		12 De.	l. 1	8	1
11 Marc	l. 247	10		11 De.	l. 1	5	8
10 Marc	l. 225	—		10 De.	l. 1	3	4
9 Marc	l. 202	10		9 De.	l. 1	1	—
8 Marc	l. 180	—		8 De.	l. —	18	8
7 Marc	l. 157	10		7 De.	l. —	16	4
6 Marc	l. 135	—		6 De.	l. —	14	—
5 Marc	l. 112	10		5 De.	l. —	11	8
4 Marc	l. 90	—		4 De.	l. —	9	4
3 Marc	l. 67	10		3 De.	l. —	7	—
2 Marc	l. 45	—		2 De.	l. —	4	8
1 Marc	l. 22	10		1 De.	l. —	2	4

Fraction de 6. pris different au Marc.

1 Marc l.	22	2	6	1 Marc l.	22	12	6
4 Onc. l.	11	1	3	4 Onc. l.	11	6	3
2 Onc. l.	5	10	7	2 Onc. l.	5	13	1
1 Onc. l.	2	15	3	1 Onc. l.	2	16	6
12 De. l.	1	7	7	12 Den. l.	1	8	3
6 Den. l.	—	13	9	6 Den. l.	—	14	1
3 Den. l.	—	6	10	3 Den. l.	—	7	—
2 Den. l.	—	4	7	2 Den. l.	—	4	8
1 Den. l.	—	2	3	1 Den. l.	—	2	4
½ Den. l.	—	1	1	½ Den. l.	—	1	2
1 Marc l.	22	5	—	1 Marc l.	22	15	—
4 Onc. l.	11	2	6	4 Onc. l.	11	7	6
2 Onc. l.	5	11	3	2 Onc. l.	5	13	9
1 Onc. l.	2	15	7	1 Onc. l.	2	6	10
12 De. l.	1	7	9	12 De. l.	1	8	5
6 Den. l.	—	13	10	6 Den. l.	—	14	2
3 Den. l.	—	6	11	3 Den. l.	—	7	1
2 Den. l.	—	4	7	2 Den. l.	—	4	8
1 Den l.	—	2	3	1 Den. l.	—	2	4
½ Den. l.	—	1	1	½ Den. l.	—	1	2
1 Marc l.	22	7	6	1 Marc l.	22	17	6
4 Onc. l.	11	3	9	4 Onc. l.	11	8	9
2 Onc. l.	5	11	10	2 Onc. l.	5	14	4
1 Onc. l.	2	15	11	1 Onc. l.	2	7	2
12 De. l.	1	7	11	12 De. l.	1	8	7
6 Den. l.	—	13	11	6 Den. l.	—	14	3
3 Den. l.	—	6	11	3 Den. l.	—	7	1
2 Den. l.	—	4	7	2 Den. l.	—	4	9
1 Den. l.	—	2	3	1 Den. l.	—	2	4

Fraction de 6. pris different au Marc

1 Marc l. 23	2	6	1 Marc l. 23	12	6
4 Onc. l. 11	11	3	4 Onc. l. 11	16	3
2 Onc. l. 5	15	7	2 Onc. l. 5	18	1
1 Onc. l. 2	17	9	1 Onc. l. 2	19	—
12 De. l. 1	8	10	12 De. l. 1	9	6
6 Den. l. —	14	5	6 Den. l. —	14	9
3 Den. l. —	7	2	3 Den. l. —	7	4
2 Den. l. —	4	9	2 Den. l. —	4	11
1 Den. l. —	2	4	1 Den. l. —	2	5
½ Den. l. —	1	2	½ Den. l. —	1	2
1 Marc l. 23	5	—	1 Marc l. 23	15	—
4 Onc. l. 11	12	6	4 Onc. l. 11	17	6
2 Onc. l. 5	16	3	2 Onc. l. 5	18	9
1 Onc. l. 2	18	1	1 Onc. l. 2	19	4
12 De. l. 1	9	—	12 De. l. 1	9	8
6 Den. l. —	14	6	6 Den. l. —	14	10
3 Den. l. —	7	3	3 Den. l. —	7	5
2 Den. l. —	4	10	2 Den. l. —	4	11
1 Den. l. —	2	5	1 Den. l. —	2	5
½ Den. l. —	1	2	½ Den. l. —	1	2
1 Marc l. 23	7	6	1 Marc l. 23	15	—
4 Onc. l. 11	13	9	4 Onc. l. 11	17	6
2 Onc. l. 5	16	10	2 Onc. l. 5	18	9
1 Onc. l. 2	18	5	1 Onc. l. 2	19	4
12 De. l. 1	9	2	12 De. l. 1	9	8
6 Den. l. —	14	7	6 Den. l. —	14	10
3 Den. l. —	7	3	3 Den. l. —	7	5
2 Den. l. —	4	10	2 Den. l. —	4	11
1 Den. l. —	2	5	1 Den. l. —	2	5

le Marc à l. 23. l'Once à l. 2. 17. 6. d.

300 Marc	l. 6900	—		7 On.	l. 20	2	6
200 Marc	l. 4600	—		6 On.	l. 17	5	—
100 Marc	l. 2300	—		5 On.	l. 14	7	6
90 Marc	l. 2070	—		4 On.	l. 11	10	—
80 Marc	l. 1840	—		3 On.	l. 8	12	6
70 Marc	l. 1610	—		2 On.	l. 5	15	—
60 Marc	l. 1380	—		1 On.	l. 2	17	6
50 Marc	l. 1150	—		23 De.	l. 2	15	—
40 Marc	l. 920	—		22 De.	l. 2	12	7
30 Marc	l. 690	—		21 De.	l. 2	10	3
20 Marc	l. 460	—		20 De.	l. 2	7	10
19 Marc	l. 437	—		19 De.	l. 2	5	5
18 Marc	l. 414	—		18 De.	l. 2	3	1
17 Marc	l. 391	—		17 De.	l. 2	—	8
16 Marc	l. 368	—		16 De.	l. 1	18	3
15 Marc	l. 345	—		15 De.	l. 1	15	11
14 Marc	l. 322	—		14 De.	l. 1	13	6
13 Marc	l. 299	—		13 De.	l. 1	11	1
12 Marc	l. 276	—		12 De.	l. 1	8	9
11 Marc	l. 253	—		11 De.	l. 1	6	3
10 Marc	l. 230	—		10 De.	l. 1	3	10
9 Marc	l. 207	—		9 De.	l. 1	1	6
8 Marc	l. 184	—		8 De.	l. —	19	1
7 Marc	l. 161	—		7 De.	l. —	16	8
6 Marc	l. 138	—		6 De.	l. —	14	4
5 Marc	l. 115	—		5 De.	l. —	11	11
4 Marc	l. 92	—		4 De.	l. —	9	6
3 Marc	l. 69	—		3 De.	l. —	7	2
2 Marc	l. 46	—		2 De.	l. —	4	9
1 Marc	l. 23	—		1 De.	l. —	2	4

le Marc à l. 23. 10. l'Once à l. 2. 18. 9. d.

300 Marc	l. 7050	—	7 On.	l. 20	11	3
200 Marc	l. 4700	—	6 On.	l. 17	12	6
100 Marc	l. 2350	—	5 On.	l. 14	13	9
90 Marc	l. 2115	—	4 On.	l. 11	15	—
80 Marc	l. 1880	—	3 On.	l. 8	16	3
70 Marc	l. 1645	—	2 On.	l. 5	17	6
60 Marc	l. 1410	—	1 On.	l. 2	18	9
50 Marc	l. 1175	—	23 De.	l. 2	16	2
40 Marc	l. 940	—	22 De.	l. 2	13	9
30 Marc	l. 705	—	21 De.	l. 2	11	4
20 Marc	l. 470	—	20 De.	l. 2	8	10
19 Marc	l. 446	10	19 De.	l. 2	6	5
18 Marc	l. 423	—	18 De.	l. 2	4	—
17 Marc	l. 399	10	17 De.	l. 2	1	6
16 Marc	l. 376	—	16 De.	l. 1	19	1
15 Marc	l. 352	10	15 De.	l. 1	16	8
14 Marc	l. 329	—	14 De.	l. 1	14	2
13 Marc	l. 305	10	13 De.	l. 1	11	9
12 Marc	l. 282	—	12 De.	l. 1	9	4
11 Marc	l. 258	10	11 De.	l. 1	6	10
10 Marc	l. 235	—	10 De.	l. 1	4	5
9 Marc	l. 211	10	9 De.	l. 1	2	—
8 Marc	l. 188	—	8 De.	l. —	19	6
7 Marc	l. 164	10	7 De.	l. —	17	1
6 Marc	l. 141	—	6 De.	l. —	14	8
5 Marc	l. 117	10	5 De.	l. —	12	2
4 Marc	l. 94	—	4 De.	l. —	9	8
3 Marc	l. 70	10	3 De.	l. —	7	4
2 Marc	l. 47	—	2 De.	l. —	4	10
1 Marc	l. 23	10	1 De.	l. —	2	5

le Marc à l. 24. l'Once à l. 3.

300 Marc l. 7200		7 On. l. 21		
200 Marc l. 4800		6 On. l. 18		
100 Marc l. 2400		5 On. l. 15		
90 Marc l. 2160		4 On. l. 12		
80 Marc l. 1920		3 On. l. 9		
70 Marc l. 1680		2 On. l. 6		
60 Marc l. 1440		1 On. l. 3		
50 Marc l. 1200		23 De. l. 2	17	6
40 Marc l. 960		22 De. l. 2	15	
30 Marc l. 720		21 De. l. 2	12	6
20 Marc l. 480		20 De. l. 2	10	
19 Marc l. 456		19 De. l. 2	7	6
18 Marc l. 432		18 De. l. 2	5	
17 Marc l. 408		17 De. l. 2	2	6
16 Marc l. 384		16 De. l. 2		
15 Marc l. 360		15 De. l. 1	17	6
14 Marc l. 336		14 De. l. 1	15	
13 Marc l. 312		13 De. l. 1	12	6
12 Marc l. 288		12 De. l. 1	10	
11 Marc l. 264		11 De. l. 1	7	6
10 Marc l. 240		10 De. l. 1	5	
9 Marc l. 216		9 De. l. 1	2	6
8 Marc l. 192		8 De. l. 1		
7 Marc l. 168		7 De. l. —	17	6
6 Marc l. 144		6 De. l. —	15	
5 Marc l. 120		5 De. l. —	12	6
4 Marc l. 96		4 De. l. —	10	
3 Marc l. 72		3 De. l. —	7	6
2 Marc l. 48		2 De. l. —	5	
1 Marc l. 24		1 De. l. —	2	6

le Marc à l. 24. 10.			l'Onc. à l. 3. 3. 3. d.		
300 Marc l. 7350	—		7 On. l. 21	8	9
200 Marc l. 4900	—		6 On. l. 18	7	6
100 Marc l. 2450	—		5 On. l. 15	6	3
90 Marc l. 2205	—		4 On. l. 12	5	—
80 Marc l. 1960	—		3 On. l. 9	3	9
70 Marc l. 1715	—		2 On. l. 6	2	6
60 Marc l. 1470	—		1 On. l. 3	1	3
50 Marc l. 1225	—		23 De. l. 2	18	5
40 Marc l. 980	—		22 De. l. 2	15	10
30 Marc l. 735	—		21 De. l. 2	13	4
20 Marc l. 490	—		20 De. l. 2	10	10
19 Marc l. 465	10		19 De. l. 2	8	3
18 Marc l. 441	—		18 De. l. 2	5	9
17 Marc l. 416	10		17 De. l. 2	3	2
16 Marc l. 392	—		16 De. l. 2	—	8
15 Marc l. 367	10		15 De. l. 1	18	1
14 Marc l. 343	—		14 De. l. 1	15	8
13 Marc l. 318	10		13 De. l. 1	13	1
12 Marc l. 294	—		12 De. l. 1	10	7
11 Marc l. 269	10		11 De. l. 1	7	11
10 Marc l. 245	—		10 De. l. 1	5	4
9 Marc l. 220	10		9 De. l. 1	2	10
8 Marc l. 196	—		8 De. l. 1	—	4
7 Marc l. 171	10		7 De. l. —	17	9
6 Marc l. 147	—		6 De. l. —	15	3
5 Marc l. 122	10		5 De. l. —	12	8
4 Marc l. 98	—		4 De. l. —	10	2
3 Marc l. 73	10		3 De. l. —	7	7
2 Marc l. 49	—		2 De. l. —	5	1
1 Marc l. 24	10		1 De. l. —	2	6

Fraction de 6. pris différens au Marc.

1 Marc l. 24	2	6	1 Marc l. 24	12	6
4 Onc. l. 12	1	3	4 Onc. l. 12	6	3
2 Onc. l. 6	—	7	2 Onc. l. 6	3	1
1 Onc. l. 3	—	3	1 Onc. l. 3	1	6
12 De. l. 1	10	1	12 De. l. 1	10	9
6 Den. l. —	15	—	6 Den. l. —	15	4
3 Den. l. —	7	6	3 Den. l. —	7	8
2 Den. l. —	5	—	2 Den. l. —	5	1
1 Den. l. —	2	6	1 Den. l. —	2	6
½ Den. l. —	1	3	½ Den. l. —	1	3
1 Marc l. 24	5	—	1 Marc l. 24	15	—
4 Onc. l. 12	2	6	4 Onc. l. 12	7	6
2 Onc. l. 6	1	3	2 Onc. l. 6	3	9
1 Onc. l. 3	—	7	1 Onc. l. 3	1	10
12 De. l. 1	10	3	12 De. l. 1	10	11
6 Den. l. —	15	1	6 Den. l. —	15	5
3 Den. l. —	7	6	3 Den. l. —	7	8
2 Den. l. —	5	—	2 Den. l. —	5	1
1 Den. l. —	2	6	1 Den. l. —	2	6
½ Den. l. —	1	3	½ Den. l. —	1	3
1 Marc l. 24	7	6	1 Marc l. 24	17	6
4 Onc. l. 12	3	9	4 Onc. l. 12	8	9
2 Onc. l. 6	1	10	2 Onc. l. 6	4	4
1 Onc. l. 3	—	11	1 Onc. l. 3	2	2
12 De. l. 1	10	5	12 De. l. 1	11	1
6 Den. l. —	15	2	6 Den. l. —	15	6
3 Den. l. —	7	7	3 Den. l. —	7	9
2 Den. l. —	5	—	2 Den. l. —	5	2
1 Den. l. —	2	6	1 Den. l. —	2	7

Fraction de 6. pris différent au Marc.

1 Marc l. 25	2	6	1 Marc l. 25	12	6
4 Onc. l. 12	11	3	4 Onc. l. 12	16	3
2 Onc. l. 6	5	7	2 Onc. l. 6	8	1
1 Onc. l. 3	2	9	1 Onc. l. 3	4	—
12 De. l. 1	11	4	12 Den. l. 1	12	—
6 Den. l. —	15	8	6 Den. l. —	16	—
3 Den. l. —	7	10	3 Den. l. —	8	—
2 Den. l. —	5	2	2 Den. l. —	5	4
1 Den. l. —	2	7	1 Den. l. —	2	8
½ Den. l. —	1	3	½ Den. l. —	1	4
1 Marc l. 25	5	—	1 Marc l. 25	15	—
4 Onc. l. 12	12	6	4 Onc. l. 12	17	6
2 Onc. l. 6	6	3	2 Onc. l. 6	8	9
1 Onc. l. 3	3	1	1 Onc. l. 3	4	4
12 De. l. 1	11	6	12 De. l. 1	12	2
6 Den. l. —	15	9	6 Den. l. —	16	1
3 Den. l. —	7	10	3 Den. l. —	8	—
2 Den. l. —	5	3	2 Den. l. —	5	4
1 Den. l. —	2	7	1 Den. l. —	2	8
½ Den. l. —	1	3	½ Den. l. —	1	4
1 Marc l. 25	7	6	1 Marc l. 25	17	6
4 Onc. l. 12	13	9	4 Onc. l. 12	18	9
2 Onc. l. 6	6	10	2 Onc. l. 6	9	4
1 Onc. l. 3	3	5	1 Onc. l. 3	4	8
12 Den. l. 1	11	8	12 De. l. 1	12	4
6 Den. l. —	15	10	6 Den. l. —	16	2
3 Den. l. —	7	11	3 Den. l. —	8	1
2 Den. l. —	5	3	2 Den. l. —	5	4
1 Den. l. —	2	7	1 Den. l. —	2	8

le Marc à l. 25.	l'Once à l. 3. 2. 6. d.
300 Marc l. 7500 —	7 On. l. 21 17 6
200 Marc l. 5000 —	6 On. l. 18 15 —
100 Marc l. 2500 —	5 On. l. 15 12 6
90 Marc l. 2250 —	4 On. l. 12 10 —
80 Marc l. 2000 —	3 On. l. 9 7 6
70 Marc l. 1750 —	2 On. l. 6 5 —
60 Marc l. 1500 —	1 On. l. 3 2 6
50 Marc l. 1250 —	23 De. l. 2 19 9
40 Marc l. 1000 —	22 De. l. 2 17 2
30 Marc l. 750 —	21 De. l. 2 14 7
20 Marc l. 500 —	20 De. l. 2 12 —
19 Marc l. 475 —	19 De. l. 2 9 5
18 Marc l. 450 —	18 De. l. 2 6 10
17 Marc l. 425 —	17 De. l. 2 4 2
16 Marc l. 400 —	16 De. l. 2 1 7
15 Marc l. 375 —	15 De. l. 1 19 —
14 Marc l. 350 —	14 De. l. 1 16 5
13 Marc l. 325 —	13 De. l. 1 13 10
12 Marc l. 300 —	12 De. l. 1 11 3
11 Marc l. 275 —	11 De. l. 1 8 6
10 Marc l. 250 —	10 De. l. 1 5 11
9 Marc l. 225 —	9 De. l. 1 3 4
8 Marc l. 200 —	8 De. l. 1 — 9
7 Marc l. 175 —	7 De. l. — 18 2
6 Marc l. 150 —	6 De. l. — 15 7
5 Marc l. 125 —	5 De. l. — 12 11
4 Marc l. 100 —	4 De. l. — 10 4
3 Marc l. 75 —	3 De. l. — 7 9
2 Marc l. 50 —	2 De. l. — 5 2
1 Marc l. 25 —	1 De. l. — 2 7

le Marc à l. 25. 10.	l'Onc. à l. 3. 3. 9. d.
300 Marc l. 7650 —	7 On. l. 22 6 3
200 Marc l. 5100 —	6 On. l. 19 2 6
100 Marc l. 2550 —	5 On. l. 15 18 9
90 Marc l. 2295 —	4 On. l. 12 15 —
80 Marc l. 2040 —	3 On. l. 9 11 3
70 Marc l. 1785 —	2 On. l. 6 7 6
60 Marc l. 1530 —	1 On. l. 3 3 9
50 Marc l. 1275 —	23 De. l. 3 — 11
40 Marc l. 1020 —	22 De. l. 2 18 3
30 Marc l. 765 —	21 De. l. 2 15 8
20 Marc l. 510 —	20 De. l. 2 13 —
19 Marc l. 484 10	19 De. l. 2 10 6
18 Marc l. 459 —	18 De. l. 2 7 9
17 Marc l. 433 10	17 De. l. 2 5 —
16 Marc l. 408 —	16 De. l. 2 2 4
15 Marc l. 382 10	15 De. l. 1 19 9
14 Marc l. 357 —	14 De. l. 1 17 1
13 Marc l. 331 10	13 De. l. 1 14 6
12 Marc l. 306 —	12 De. l. 1 11 10
11 Marc l. 280 10	11 De. l. 1 9 1
10 Marc l. 255 —	10 De. l. 1 6 5
9 Marc l. 229 10	9 De. l. 1 3 10
8 Marc l. 204 —	8 De. l. 1 1 2
7 Marc l. 178 10	7 De. l. — 18 6
6 Marc l. 153 —	6 De. l. — 15 11
5 Marc l. 127 10	5 De. l. — 13 1
4 Marc l. 102 —	4 De. l. — 10 6
3 Marc l. 76 10	3 De. l. — 7 11
2 Marc l. 51 —	2 De. l. — 5 3
1 Marc l. 25 10	1 De. l. — 2 7

le Marc à l. 26. l'Once à l. 3. 5.

300 Marc	l. 7800	—	7 On.	l. 22	15	—
200 Marc	l. 5200	—	6 On.	l. 19	10	—
100 Marc	l. 2600	—	5 On.	l. 16	5	—
90 Marc	l. 2340	—	4 On.	l. 13	—	—
80 Marc	l. 2080	—	3 On.	l. 9	15	—
70 Marc	l. 1820	—	2 On.	l. 6	10	—
60 Marc	l. 1560	—	1 On.	l. 3	5	—
50 Marc	l. 1300	—	23 De.	l. 3	2	6
40 Marc	l. 1040	—	22 De.	l. 2	19	6
30 Marc	l. 780	—	21 De.	l. 2	16	10
20 Marc	l. 520	—	20 De.	l. 2	14	2
19 Marc	l. 494	—	19 De.	l. 2	11	5
18 Marc	l. 468	—	18 De.	l. 2	8	9
17 Marc	l. 442	—	17 De.	l. 2	6	—
16 Marc	l. 416	—	16 De.	l. 2	3	4
15 Marc	l. 390	—	15 De.	l. 2	—	7
14 Marc	l. 364	—	14 De.	l. 1	17	11
13 Marc	l. 338	—	13 De.	l. 1	15	2
12 Marc	l. 312	—	12 De.	l. 1	12	6
11 Marc	l. 286	—	11 De.	l. 1	9	9
10 Marc	l. 260	—	10 De.	l. 1	7	—
9 Marc	l. 234	—	9 De.	l. 1	4	4
8 Marc	l. 208	—	8 De.	l. 1	1	8
7 Marc	l. 182	—	7 De.	l. —	18	11
6 Marc	l. 156	—	6 De.	l. —	16	3
5 Marc	l. 130	—	5 De.	l. —	13	6
4 Marc	l. 104	—	4 De.	l. —	10	10
3 Marc	l. 78	—	3 De.	l. —	8	1
2 Marc	l. 52	—	2 De.	l. —	5	5
1 Marc	l. 26	—	1 De.	l. —	2	8

le Marc à l. 26. 10.   l'Once à l. 3. 6. 3. d.

Marc	l.	s.		Once/De.	l.	s.	d.
300 Marc	l. 7950	—		7 On.	l. 23	3	9
200 Marc	l. 5300	—		6 On.	l. 19	17	6
100 Marc	l. 2650	—		5 On.	l. 16	11	3
90 Marc	l. 2385	—		4 On.	l. 13	5	—
80 Marc	l. 2120	—		3 On.	l. 9	18	9
70 Marc	l. 1855	—		2 On.	l. 6	12	6
60 Marc	l. 1590	—		1 On.	l. 3	6	3
50 Marc	l. 1325	—		23 De.	l. 3	3	4
40 Marc	l. 1060	—		22 De.	l. 3	—	7
30 Marc	l. 795	—		21 De.	l. 2	17	10
20 Marc	l. 530	—		20 De.	l. 2	15	1
19 Marc	l. 503	10		19 De.	l. 2	12	4
18 Marc	l. 477	—		18 De.	l. 2	9	7
17 Marc	l. 450	10		17 De.	l. 2	6	10
16 Marc	l. 424	—		16 De.	l. 2	4	1
15 Marc	l. 397	10		15 De.	l. 2	1	4
14 Marc	l. 371	—		14 De.	l. 1	18	7
13 Marc	l. 344	10		13 De.	l. 1	15	10
12 Marc	l. 318	—		12 De.	l. 1	13	1
11 Marc	l. 291	10		11 De.	l. 1	10	3
10 Marc	l. 265	—		10 De.	l. 1	7	6
9 Marc	l. 238	10		9 De.	l. 1	4	9
8 Marc	l. 212	—		8 De.	l. 1	2	—
7 Marc	l. 185	10		7 De.	l. —	19	3
6 Marc	l. 159	—		6 De.	l. —	16	6
5 Marc	l. 132	10		5 De.	l. —	13	9
4 Marc	l. 106	—		4 De.	l. —	11	—
3 Marc	l. 79	10		3 De.	l. —	8	3
2 Marc	l. 53	—		2 De.	l. —	5	6
1 Marc	l. 26	10		1 De.	l. —	2	

Fraction de 6. pris different au Marc.

1 Marc l. 26	2	6	1 Marc l. 26	12	6
4 Onc. l. 13	1	3	4 Onc. l. 13	6	3
2 Onc. l. 6	10	7	2 Onc. l. 6	13	1
1 Onc. l. 3	5	3	1 Onc. l. 3	6	6
12 De. l. 1	12	7	12 Den l. 1	13	3
6 Den. l. —	16	3	6 Den. l. —	16	7
3 Den. l. —	8	1	3 Den. l. —	8	3
2 Den. l. —	5	5	2 Den. l. —	5	6
1 Den. l. —	2	8	1 Den. l. —	2	9
½ Den. l. —	1	4	½ Den. l. —	1	4
1 Marc l. 26	5	—	1 Marc l. 26	15	—
4 Onc. l. 13	2	6	4 Onc. l. 13	7	6
2 Onc. l. 6	11	3	2 Onc. l. 6	13	9
1 Onc. l. 3	5	7	1 Onc. l. 3	6	10
1½ De. l. 1	12	9	12 De. l. 1	13	5
6 Den. l. —	16	4	6 Den. l. —	16	8
3 Den. l. —	8	2	3 Den. l. —	8	4
2 Den. l. —	5	5	2 Den. l. —	5	6
1 Den. l. —	2	8	1 Den. l. —	2	9
½ Den. l. —	1	4	½ Den. l. —	1	4
1 Marc l. 26	7	6	1 Marc l. 26	17	6
4 Onc. l. 13	3	9	4 Onc. l. 13	8	9
2 Onc. l. 6	11	10	2 Onc. l. 6	14	4
1 Onc. l. 3	5	11	1 Onc. l. 3	7	2
12 De. l. 1	12	11	12 De. l. 1	13	7
6 Den. l. —	16	5	6 Den. l. —	16	9
3 Den. l. —	8	2	3 Den. l. —	8	4
2 Den. l. —	5	5	2 Den. l. —	5	7
1 Den. l. —	2	8	1 Den. l. —	2	9

Fraction de 6. pris different au Marc

1 Marc l. 27	2	6	1 Marc l. 27	12	6
4 Onc. l. 13	11	3	4 Onc. l. 13	16	3
2 Onc. l. 6	15	7	2 Onc. l. 6	18	1
1 Onc. l. 3	7	9	1 Onc. l. 3	9	—
12 De. l. 1	13	10	12 De. l. 1	14	6
6 Den. l. —	16	11	6 Den. l. —	17	3
3 Den. l. —	8	5	3 Den. l. —	8	7
2 Den. l. —	5	7	2 Den. l. —	5	9
1 Den. l. —	2	9	1 Den. l. —	2	10
½ Den. l. —	1	4	½ Den. l. —	1	5
1 Marc l. 27	5	—	1 Marc l. 27	15	—
4 Onc. l. 13	12	6	4 Onc. l. 13	17	6
2 Onc. l. 6	16	3	2 Onc. l. 6	18	9
1 Onc. l. 3	8	1	1 Onc. l. 3	9	4
12 De. l. 1	14	—	12 De. l. 1	14	8
6 Den. l. —	17	—	6 Den. l. —	17	4
3 Den. l. —	8	6	3 Den. l. —	8	8
2 Den. l. —	5	8	2 Den. l. —	5	9
1 Den. l. —	2	10	1 Den. l. —	2	10
½ Den. l. —	1	5	½ Den. l. —	1	5
1 Marc l. 27	7	6	1 Marc l. 27	17	6
4 Onc. l. 13	13	9	4 Onc. l. 13	18	9
2 Onc. l. 6	16	10	2 Onc. l. 6	19	4
1 Onc. l. 3	8	5	1 Onc. l. 3	9	8
12 De. l. 1	14	2	12 De. l. 1	14	10
6 Den. l. —	17	1	6 Den. l. —	17	5
3 Den. l. —	8	6	3 Den. l. —	8	8
2 Den. l. —	5	8	2 Den. l. —	5	9
1 Den. l. —	2	10	1 Den. l. —	2	10

le Marc à l. 27. l'Once à l. 3. 7. 6. d.

300 Marc	l.	8100	—	7 On.	l. 23	12	6
200 Marc	l.	5400	—	6 On.	l. 20	5	—
100 Marc	l.	2700	—	5 On.	l. 16	17	6
90 Marc	l.	2430	—	4 On.	l. 13	10	—
80 Marc	l.	2160	—	3 On.	l. 10	2	6
70 Marc	l.	1890	—	2 On.	l. 6	15	—
60 Marc	l.	1620	—	1 On.	l. 3	7	6
50 Marc	l.	1350	—	23 De.	l. 3	4	7
40 Marc	l.	1080	—	22 De.	l. 3	1	9
30 Marc	l.	810	—	21 De.	l. 2	19	—
20 Marc	l.	540	—	20 De.	l. 2	16	2
19 Marc	l.	513	—	19 De.	l. 2	13	4
18 Marc	l.	486	—	18 De.	l. 2	10	7
17 Marc	l.	459	—	17 De.	l. 2	7	9
16 Marc	l.	432	—	16 De.	l. 2	4	11
15 Marc	l.	405	—	15 De.	l. 2	2	2
14 Marc	l.	378	—	14 De.	l. 1	19	4
13 Marc	l.	351	—	13 De.	l. 1	16	6
12 Marc	l.	324	—	12 De.	l. 1	13	9
11 Marc	l.	297	—	11 De.	l. 1	10	10
10 Marc	l.	270	—	10 De.	l. 1	8	—
9 Marc	l.	243	—	9 De.	l. 1	5	3
8 Marc	l.	216	—	8 De.	l. 1	2	5
7 Marc	l.	189	—	7 De.	l. —	19	7
6 Marc	l.	162	—	6 De.	l. —	16	10
5 Marc	l.	135	—	5 De.	l. —	14	—
4 Marc	l.	108	—	4 De.	l. —	11	2
3 Marc	l.	81	—	3 De.	l. —	8	5
2 Marc	l.	54	—	2 De.	l. —	5	7
1 Marc	l.	27	—	1 De.	l. —	2	9

le Marc à l. 27. 10. l'Once à l. 3. 8. 9. d.

300 Marc	l. 8250	—	7 On.	l. 24	1	3
200 Marc	l. 5500	—	6 On.	l. 20	12	6
100 Marc	l. 2750	—	5 On.	l. 17	3	9
90 Marc	l. 2475	—	4 On.	l. 13	15	—
80 Marc	l. 2200	—	3 On.	l. 10	6	3
70 Marc	l. 1925	—	2 On.	l. 6	17	6
60 Marc	l. 1650	—	1 On.	l. 3	8	9
50 Marc	l. 1375	—	23 De.	l. 3	5	9
40 Marc	l. 1100	—	22 De.	l. 3	2	11
30 Marc	l. 825	—	21 De.	l. 3	—	1
20 Marc	l. 550	—	20 De.	l. 2	17	2
19 Marc	l. 522	10	19 De.	l. 2	14	4
18 Marc	l. 495	—	18 De.	l. 2	11	6
17 Marc	l. 467	10	17 De.	l. 2	8	7
16 Marc	l. 440	—	16 De.	l. 2	5	9
15 Marc	l. 412	10	15 De.	l. 2	2	11
14 Marc	l. 385	—	14 De.	l. 2	—	—
13 Marc	l. 357	10	13 De.	l. 1	17	2
12 Marc	l. 330	—	12 De.	l. 1	14	4
11 Marc	l. 302	10	11 De.	l. 1	11	5
10 Marc	l. 275	—	10 De.	l. 1	8	7
9 Marc	l. 247	10	9 De.	l. 1	5	9
8 Marc	l. 220	—	8 De.	l. 1	2	10
7 Marc	l. 192	10	7 De.	l. 1	—	—
6 Marc	l. 165	—	6 De.	l. —	17	2
5 Marc	l. 137	10	5 De.	l. —	14	3
4 Marc	l. 110	—	4 De.	l. —	11	5
3 Marc	l. 82	10	3 De.	l. —	8	7
2 Marc	l. 55	—	2 De.	l. —	5	8
1 Marc	l. 27	10	1 De.	l. —	2	10

le Marc à l. 28. l'Once à l. 3.10.

００ Marc	l. 8400	—	7 On.	l. 24	10	—
００ Marc	l. 5600	—	6 On.	l. 21	—	—
１００ Marc	l. 2800	—	5 On.	l. 17	10	—
90 Marc	l. 2520	—	4 On.	l. 14	—	—
80 Marc	l. 2240	—	3 On.	l. 10	10	—
70 Marc	l. 1960	—	2 On.	l. 7	—	—
60 Marc	l. 1680	—	1 On.	l. 3	10	—
50 Marc	l. 1400	—	23 De.	l. 3	7	1
40 Marc	l. 1120	—	22 De.	l. 3	4	2
30 Marc	l. 840	—	21 De.	l. 3	1	3
20 Marc	l. 560	—	20 De.	l. 2	18	4
19 Marc	l. 532	—	19 De.	l. 2	15	5
18 Marc	l. 504	—	18 De.	l. 2	12	6
17 Marc	l. 476	—	17 De.	l. 2	9	7
16 Marc	l. 448	—	16 De.	l. 2	6	8
15 Marc	l. 420	—	15 De.	l. 2	3	9
14 Marc	l. 392	—	14 De.	l. 2	—	10
13 Marc	l. 364	—	13 De.	l. 1	17	11
12 Marc	l. 336	—	12 De.	l. 1	15	—
11 Marc	l. 308	—	11 De.	l. 1	12	1
10 Marc	l. 280	—	10 De.	l. 1	9	2
9 Marc	l. 252	—	9 De.	l. 1	6	3
8 Marc	l. 224	—	8 De.	l. 1	3	4
7 Marc	l. 196	—	7 De.	l. 1	—	5
6 Marc	l. 168	—	6 De.	l. —	17	6
5 Marc	l. 140	—	5 De.	l. —	14	7
4 Marc	l. 112	—	4 De.	l. —	11	8
3 Marc	l. 84	—	3 De.	l. —	8	9
2 Marc	l. 56	—	2 De.	l. —	5	10
1 Marc	l. 28	—	1 De.	l. —	2	11

le Marc à l. 28. 10. l'Onc. à l. 3. 11. 3. d.

300 Marc l. 8550	—	7 On. l. 24	18	9
200 Marc l. 5700	—	6 On. l. 21	7	6
100 Marc l. 2850	—	5 On. l. 17	16	3
90 Marc l. 2565	—	4 On. l. 14	5	—
80 Marc l. 2280	—	3 On. l. 10	13	9
70 Marc l. 1995	—	2 On. l. 7	2	6
60 Marc l. 1710	—	1 On. l. 3	11	3
50 Marc l. 1425	—	23 De. l. 3	8	1
40 Marc l. 1140	—	22 De. l. 3	5	1
30 Marc l. 855	—	21 De. l. 3	2	2
20 Marc l. 570	—	20 De. l. 2	19	2
19 Marc l. 541	10	19 De. l. 2	16	3
18 Marc l. 513	—	18 De. l. 2	13	4
17 Marc l. 484	10	17 De. l. 2	10	3
16 Marc l. 456	—	16 De. l. 2	7	4
15 Marc l. 427	10	15 De. l. 2	4	5
14 Marc l. 399	—	14 De. l. 2	1	5
13 Marc l. 370	10	13 De. l. 1	18	6
12 Marc l. 342	—	12 De. l. 1	15	7
11 Marc l. 313	10	11 De. l. 1	12	6
10 Marc l. 285	—	10 De. l. 1	9	6
9 Marc l. 256	10	9 De. l. 1	6	7
8 Marc l. 228	—	8 De. l. 1	3	8
7 Marc l. 199	10	7 De. l. 1	—	8
6 Marc l. 171	—	6 De. l. —	17	9
5 Marc l. 142	10	5 De. l. —	14	9
4 Marc l. 114	—	4 De. l. —	11	10
3 Marc l. 85	10	3 De. l. —	8	10
2 Marc l. 57	—	2 De. l. —	5	11
1 Marc l. 28	10	1 De. l. —	2	11

Fraction de 6. pris differens au Marc.

1 Marc l.	28	2	6	1 Marc l.	28	12	6
4 Onc. l.	14	1	3	4 Onc. l.	14	6	3
2 Onc. l.	7	—	7	2 Onc. l.	7	3	1
1 Onc. l.	3	10	3	1 Onc. l.	3	11	6
12 De. l.	1	15	1	12 De. l.	1	15	9
6 Den. l.	—	17	6	6 Den. l.	—	17	10
3 Den. l.	—	8	9	3 Den. l.	—	8	11
2 Den. l.	—	5	10	2 Den. l.	—	5	11
1 Den. l.	—	2	11	1 Den. l.	—	2	11
½ Den. l.	—	1	5	½ Den. l.	—	1	5
1 Marc l.	28	5	—	1 Marc l.	28	15	—
4 Onc. l.	14	2	6	4 Onc. l.	14	7	6
2 Onc. l.	7	1	3	2 Onc. l.	7	3	9
1 Onc. l.	3	10	7	1 Onc. l.	3	11	10
12 De. l.	1	15	3	12 De. l.	1	15	11
6 Den. l.	—	17	7	6 Den. l.	—	17	11
3 Den. l.	—	8	9	3 Den. l.	—	8	11
2 Den. l.	—	5	10	2 Den. l.	—	5	11
1 Den. l.	—	2	11	1 Den. l.	—	2	11
½ Den. l.	—	1	5	½ Den. l.	—	1	5
1 Marc l.	28	7	6	1 Marc l.	28	17	6
4 Onc. l.	14	3	9	4 Onc. l.	14	8	9
2 Onc. l.	7	1	10	2 Onc. l.	7	4	4
1 Onc. l.	3	10	11	1 Onc. l.	3	12	2
12 De. l.	1	15	5	12 De. l.	1	16	1
6 Den. l.	—	17	8	6 Den. l.	—	18	—
3 Den. l.	—	8	10	3 Den. l.	—	9	—
2 Den. l.	—	5	10	2 Den. l.	—	6	—
1 Den. l.	—	2	11	1 Den. l.	—	3	—

Fraction de 6. pris different au Marc.

1 Marc l. 29	2	6	1 Marc l. 29	12	6
4 Onc. l. 14	11	3	4 Onc. l. 14	16	3
2 Onc. l. 7	5	7	2 Onc. l. 7	8	1
1 Onc. l. 3	12	9	1 Onc. l. 3	14	—
12 De. l. 1	16	4	12 Den. l. 1	17	—
6 Den. l. —	18	2	6 Den. l. —	18	6
3 Den. l. —	9	1	3 Den. l. —	9	3
2 Den. l. —	6	—	2 Den. l. —	6	2
1 Den. l. —	3	—	1 Den. l. —	3	1
½ Den. l. —	1	6	½ Den. l. —	1	6
1 Marc l. 29	5	—	1 Marc l. 29	15	—
4 Onc. l. 14	12	6	4 Onc. l. 14	17	6
2 Onc. l. 7	6	3	2 Onc. l. 7	8	9
1 Onc. l. 3	13	1	1 Onc. l. 3	14	4
12 De. l. 1	16	6	12 De. l. 1	17	2
6 Den. l. —	18	3	6 Den. l. —	18	7
3 Den. l. —	9	1	3 Den. l. —	9	3
2 Den. l. —	6	1	2 Den. l. —	6	2
1 Den. l. —	3	—	1 Den. l. —	3	1
½ Den. l. —	1	6	½ Den. l. —	1	6
1 Marc l. 29	7	6	1 Marc l. 29	17	6
4 Onc. l. 14	13	9	4 Onc. l. 14	18	9
2 Onc. l. 7	6	10	2 Onc. l. 7	9	4
1 Onc. l. 3	13	5	1 Onc. l. 3	14	8
12 Den. l. 1	16	8	12 De. l. 1	17	4
6 Den. l. —	18	4	6 Den. l. —	18	8
3 Den. l. —	9	2	3 Den. l. —	9	4
2 Den. l. —	6	1	2 Den. l. —	6	2
1 Den. l. —	3	—	1 Den. l. —	3	1

| le Marc à l. 29. | l'Once à l. 3. 12. 6. d. |

300 Marc l. 8700 —	7 On. l. 25	7	6
200 Marc l. 5800 —	6 On. l. 21	15	—
100 Marc l. 2900 —	5 On. l. 18	2	6
90 Marc l. 2610 —	4 On. l. 14	10	—
80 Marc l. 2320 —	3 On. l. 10	17	6
70 Marc l. 2030 —	2 On. l. 7	5	—
60 Marc l. 1740 —	1 On. l. 3	12	6
50 Marc l. 1450 —	23 De. l. 3	9	4
40 Marc l. 1160 —	22 De. l. 3	6	4
30 Marc l. 870 —	21 De. l. 3	3	4
20 Marc l. 580 —	20 De. l. 3	—	4
19 Marc l. 551 —	19 De. l. 2	17	4
18 Marc l. 522 —	18 De. l. 2	14	4
17 Marc l. 493 —	17 De. l. 2	11	3
16 Marc l. 464 —	16 De. l. 2	8	3
15 Marc l. 435 —	15 De. l. 2	5	3
14 Marc l. 406 —	14 De. l. 2	2	3
13 Marc l. 377 —	13 De. l. 1	19	3
12 Marc l. 348 —	12 De. l. 1	16	3
11 Marc l. 319 —	11 De. l. 1	13	1
10 Marc l. 290 —	10 De. l. 1	10	1
9 Marc l. 261 —	9 De. l. 1	7	1
8 Marc l. 232 —	8 De. l. 1	4	1
7 Marc l. 203 —	7 De. l. 1	1	1
6 Marc l. 174 —	6 De. l. —	18	1
5 Marc l. 145 —	5 De. l. —	15	—
4 Marc l. 116 —	4 De. l. —	12	—
3 Marc l. 87 —	3 De. l. —	9	—
2 Marc l. 58 —	2 De. l. —	6	—
1 Marc l. 29 —	1 De. l. —	3	—

le Marc à l. 29. 10. l'Onc. à l. 3. 13. 9. d.

300 Marc l.	8850	—	7 On. l.	25	16	3
200 Marc l.	5900	—	6 On. l.	22	2	6
100 Marc l.	2950	—	5 On. l.	18	8	9
90 Marc l.	2655	—	4 On. l.	14	15	—
80 Marc l.	2360	—	3 On. l.	11	1	3
70 Marc l.	2065	—	2 On. l.	7	7	6
60 Marc l.	1770	—	1 On. l.	3	13	9
50 Marc l.	1475	—	23 De. l.	3	10	6
40 Marc l.	1180	—	22 De. l.	3	7	6
30 Marc l.	885	—	21 De. l.	3	4	5
20 Marc l.	590	—	20 De. l.	3	1	4
19 Marc l.	560	10	19 De. l.	2	18	3
18 Marc l.	531	—	18 De. l.	2	15	3
17 Marc l.	501	10	17 De. l.	2	12	1
16 Marc l.	472	—	16 De. l.	2	9	—
15 Marc l.	442	10	15 De. l.	2	6	—
14 Marc l.	413	—	14 De. l.	2	2	11
13 Marc l.	383	10	13 De. l.	1	19	10
12 Marc l.	354	—	12 De. l.	1	16	10
11 Marc l.	324	10	11 De. l.	1	13	8
10 Marc l.	295	—	10 De. l.	1	10	7
9 Marc l.	265	10	9 De. l.	1	7	7
8 Marc l.	236	—	8 De. l.	1	4	6
7 Marc l.	206	10	7 De. l.	1	1	5
6 Marc l.	177	—	6 De. l.	—	18	5
5 Marc l.	147	10	5 De. l.	—	15	3
4 Marc l.	118	—	4 De. l.	—	12	2
3 Marc l.	88	10	3 De. l.	—	9	2
2 Marc l.	59	—	2 De. l.	—	6	1
1 Marc l.	29	10	1 De. l.	—	3	—

le Marc à l. 30. l'Once à l. 3. 15.

300 Marc	l. 9000	—	7 On.	l. 26	5	—
200 Marc	l. 6000	—	6 On.	l. 22	10	—
100 Marc	l. 3000	—	5 On.	l. 18	15	—
90 Marc	l. 2700	—	4 On.	l. 15	—	—
80 Marc	l. 2400	—	3 On.	l. 11	5	—
70 Marc	l. 2100	—	2 On.	l. 7	10	—
60 Marc	l. 1800	—	1 On.	l. 3	15	—
50 Marc	l. 1500	—	23 De.	l. 3	11	10
40 Marc	l. 1200	—	22 De.	l. 3	8	8
30 Marc	l. 900	—	21 De.	l. 3	5	7
20 Marc	l. 600	—	20 De.	l. 3	2	6
19 Marc	l. 570	—	19 De.	l. 2	19	4
18 Marc	l. 540	—	18 De.	l. 2	16	3
17 Marc	l. 510	—	17 De.	l. 2	13	1
16 Marc	l. 480	—	16 De.	l. 2	10	—
15 Marc	l. 450	—	15 De.	l. 2	6	10
14 Marc	l. 420	—	14 De.	l. 2	3	9
13 Marc	l. 390	—	13 De.	l. 2	—	7
12 Marc	l. 360	—	12 De.	l. 1	17	6
11 Marc	l. 330	—	11 De.	l. 1	14	4
10 Marc	l. 300	—	10 De.	l. 1	11	2
9 Marc	l. 270	—	9 De.	l. 1	8	1
8 Marc	l. 240	—	8 De.	l. 1	5	—
7 Marc	l. 210	—	7 De.	l. 1	1	10
6 Marc	l. 180	—	6 De.	l. —	18	9
5 Marc	l. 150	—	5 De.	l. —	15	7
4 Marc	l. 120	—	4 De.	l. —	12	6
3 Marc	l. 90	—	3 De.	l. —	9	4
2 Marc	l. 60	—	2 De.	l. —	6	3
1 Marc	l. 30	—	1 De.	l. —	3	1

le Marc à l. 30. 10.		l'Once à l. 3. 16. 3. d.		
300 Marc l. 9150	—	7 On. l. 26	13	9
200 Marc l. 6100	—	6 On. l. 22	17	6
100 Marc l. 3050	—	5 On. l. 19	1	3
90 Marc l. 2745	—	4 On. l. 15	5	—
80 Marc l. 2440	—	3 On. l. 11	8	9
70 Marc l. 2135	—	2 On. l. 7	12	6
60 Marc l. 1830	—	1 On. l. 3	16	3
50 Marc l. 1525	—	23 De. l. 3	12	11
40 Marc l. 1220	—	22 De. l. 3	9	9
30 Marc l. 915	—	21 De. l. 3	6	7
20 Marc l. 610	—	20 De. l. 3	3	5
19 Marc l. 579	10	19 De. l. 3	—	3
18 Marc l. 549	—	18 De. l. 2	17	1
17 Marc l. 518	10	17 De. l. 2	13	11
16 Marc l. 488	—	16 De. l. 2	10	9
15 Marc l. 457	10	15 De. l. 2	7	7
14 Marc l. 427	—	14 De. l. 2	4	5
13 Marc l. 396	10	13 De. l. 2	1	3
12 Marc l. 366	—	12 De. l. 1	18	1
11 Marc l. 335	10	11 De. l. 1	14	10
10 Marc l. 305	—	10 De. l. 1	11	8
9 Marc l. 274	10	9 De. l. 1	8	6
8 Marc l. 244	—	8 De. l. 1	5	4
7 Marc l. 213	10	7 De. l. 1	2	2
6 Marc l. 183	—	6 De. l. —	19	—
5 Marc l. 152	10	5 De. l. —	15	10
4 Marc l. 122	—	4 De. l. —	12	8
3 Marc l. 91	10	3 De. l. —	9	6
2 Marc l. 61	—	2 De. l. —	6	4
1 Marc l. 30	10	1 De. l. —	3	2

Fraction de 6. pris different au Marc.

1 Marc l. 30	2	6	1 Marc l. 30	12	6
4 Onc. l. 15	1	3	4 Onc. l. 15	6	3
2 Onc. l. 7	10	7	2 Onc. l. 7	13	1
1 Onc. l. 3	15	3	1 Onc. l. 3	16	6
12 De. l. 1	17	7	12 Den l. 1	18	3
6 Den. l. —	18	9	6 Den. l. —	19	1
3 Den. l. —	9	4	3 Den. l. —	9	6
2 Den. l. —	6	3	2 Den. l. —	6	4
1 Den. l. —	3	1	1 Den. l. —	3	2
½ Den. l. —	1	6	½ Den. l. —	1	7
1 Marc l. 30	5	—	1 Marc l. 30	15	—
4 Onc. l. 15	2	6	4 Onc. l. 15	7	6
2 Onc. l. 7	11	3	2 Onc. l. 7	13	9
1 Onc. l. 3	15	7	1 Onc. l. 3	16	10
12 De. l. 1	17	9	12 De. l. 1	18	5
6 Den. l. —	18	10	6 Den. l. —	19	2
3 Den. l. —	9	5	3 Den. l. —	9	7
2 Den. l. —	6	3	2 Den. l. —	6	4
1 Den. l. —	3	1	1 Den. l. —	3	2
½ Den. l. —	1	6	½ Den. l. —	1	7
1 Marc l. 30	7	6	1 Marc l. 30	17	6
4 Onc. l. 15	3	9	4 Onc. l. 15	8	9
2 Onc. l. 7	11	10	2 Onc. l. 7	14	4
1 Onc. l. 3	15	11	1 Onc. l. 3	17	2
12 De. l. 1	17	11	12 De. l. 1	18	7
6 Den. l. —	18	11	6 Den. l. —	19	3
3 Den. l. —	9	5	3 Den. l. —	9	7
2 Den. l. —	6	3	2 Den. l. —	6	5
1 Den. l. —	3	2	1 Den. l. —	3	2

le Marc à l. 30. 10. l'Once à l. 3. 16. 3. d.

300 Marc	l. 9150	—	7 On.	l. 26	13	9
200 Marc	l. 6100	—	6 On.	l. 22	17	6
100 Marc	l. 3050	—	5 On.	l. 19	1	3
90 Marc	l. 2745	—	4 On.	l. 15	5	—
80 Marc	l. 2440	—	3 On.	l. 11	8	9
70 Marc	l. 2135	—	2 On.	l. 7	12	6
60 Marc	l. 1830	—	1 On.	l. 3	16	3
50 Marc	l. 1525	—	23 De.	l. 3	12	11
40 Marc	l. 1220	—	22 De.	l. 3	9	9
30 Marc	l. 915	—	21 De.	l. 3	6	7
20 Marc	l. 610	—	20 De.	l. 3	3	5
19 Marc	l. 579	10	19 De.	l. 3	—	3
18 Marc	l. 549	—	18 De.	l. 2	17	1
17 Marc	l. 518	10	17 De.	l. 2	13	11
16 Marc	l. 488	—	16 De.	l. 2	10	9
15 Marc	l. 457	10	15 De.	l. 2	7	7
14 Marc	l. 427	—	14 De.	l. 2	4	5
13 Marc	l. 396	10	13 De.	l. 2	1	3
12 Marc	l. 366	—	12 De.	l. 1	18	1
11 Marc	l. 335	10	11 De.	l. 1	14	10
10 Marc	l. 305	—	10 De.	l. 1	11	8
9 Marc	l. 274	10	9 De.	l. 1	8	6
8 Marc	l. 244	—	8 De.	l. 1	5	4
7 Marc	l. 213	10	7 De.	l. 1	2	2
6 Marc	l. 183	—	6 De.	l. —	19	—
5 Marc	l. 152	10	5 De.	l. —	15	10
4 Marc	l. 122	—	4 De.	l. —	12	8
3 Marc	l. 91	10	3 De.	l. —	9	6
2 Marc	l. 61	—	2 De.	l. —	6	4
1 Marc	l. 30	10	1 De.	l. —	3	2

Fraction de 6. pris différens au Marc.

1 Marc l. 30	2	6	1 Marc l. 30	12	6
4 Onc. l. 15	1	3	4 Onc. l. 15	6	3
2 Onc. l. 7	10	7	2 Onc. l. 7	13	1
1 Onc. l. 3	15	3	1 Onc. l. 3	16	6
12 De. l. 1	17	7	12 Den l. 1	18	3
6 Den. l. —	18	9	6 Den. l. —	19	1
3 Den. l. —	9	4	3 Den. l. —	9	6
2 Den. l. —	6	3	2 Den. l. —	6	4
1 Den. l. —	3	1	1 Den. l. —	3	2
½ Den. l. —	1	6	½ Den. l. —	1	7
1 Marc l. 30	5	—	1 Marc l. 30	15	—
4 Onc. l. 15	2	6	4 Onc. l. 15	7	6
2 Onc. l. 7	11	3	2 Onc. l. 7	13	9
1 Onc. l. 3	15	7	1 Onc. l. 3	16	10
12 De. l. 1	17	9	12 De. l. 1	18	5
6 Den. l. —	18	10	6 Den. l. —	19	2
3 Den. l. —	9	5	3 Den. l. —	9	7
2 Den. l. —	6	3	2 Den. l. —	6	4
1 Den. l. —	3	1	1 Den. l. —	3	2
½ Den. l. —	1	6	½ Den. l. —	1	7
1 Marc l. 30	7	6	1 Marc l. 30	17	6
4 Onc. l. 15	3	9	4 Onc. l. 15	8	9
2 Onc. l. 7	11	10	2 Onc. l. 7	14	4
1 Onc. l. 3	15	11	1 Onc. l. 3	17	2
12 De. l. 1	17	11	12 De. l. 1	18	7
6 Den. l. —	18	11	6 Den. l. —	19	3
3 Den. l. —	9	5	3 Den. l. —	9	7
2 Den. l. —	6	3	2 Den. l. —	6	5
1 Den. l. —	3	2	1 Den. l. —	3	2

Fraction de 6. pris different au Marc

1 Marc l. 31	2	6	1 Marc l. 32	12	6
4 Onc. l. 15	11	3	4 Onc. l. 15	16	3
2 Onc. l. 7	15	7	2 Onc. l. 7	18	1
1 Onc. l. 3	17	9	1 Onc. l. 3	19	—
12 De. l. 1	18	10	12 De. l. 1	19	6
6 Den. l. —	19	5	6 Den. l. —	19	9
3 Den. l. —	9	8	3 Den. l. —	9	10
2 Den. l. —	6	5	2 Den. l. —	6	7
1 Den. l. —	3	2	1 Den. l. —	3	3
½ Den. l. —	1	7	½ Den. l. —	1	7
1 Marc l. 31	5	—	1 Marc l. 31	15	—
4 Onc. l. 15	12	6	4 Onc. l. 15	17	6
2 Onc. l. 7	16	3	2 Onc. l. 7	18	9
1 Onc. l. 3	18	1	1 Onc. l. 3	19	4
12 De. l. 1	19	—	12 De. l. 1	19	8
6 Den. l. —	19	6	6 Den. l. —	19	10
3 Den. l. —	9	9	3 Den. l. —	9	11
2 Den. l. —	6	6	2 Den. l. —	6	7
1 Den. l. —	3	3	1 Den. l. —	3	3
½ Den. l. —	1	7	½ Den. l. —	1	7
1 Marc l. 31	7	6	1 Marc l. 31	17	6
4 Onc. l. 15	13	9	4 Onc. l. 15	18	9
2 Onc. l. 7	16	10	2 Onc. l. 7	19	4
1 Onc. l. 3	18	5	1 Onc. l. 3	19	8
12 De. l. 1	19	2	12 De. l. 1	19	10
6 Den. l. —	19	7	6 Den. l. —	19	11
3 Den. l. —	9	9	3 Den. l. —	9	11
2 Den. l. —	6	6	2 Den. l. —	6	7
1 Den. l. —	3	3	1 Den. l. —	3	3

le Marc à l. 31. l'Once à l. 3. 17. 6. d.				
300 Marc l. 9300 —	7 On.	l. 27	2	6
200 Marc l. 6200 —	6 On.	l. 23	5	—
100 Marc l. 3100 —	5 On.	l. 19	7	6
90 Marc l. 2790 —	4 On.	l. 15	10	—
80 Marc l. 2480 —	3 On.	l. 11	12	6
70 Marc l. 2170 —	2 On.	l. 7	15	—
60 Marc l. 1860 —	1 On.	l. 3	17	6
50 Marc l. 1550 —	23 De.	l. 3	14	2
40 Marc l. 1240 —	22 De.	l. 3	10	11
30 Marc l. 930 —	21 De.	l. 3	7	9
20 Marc l. 620 —	20 De.	l. 3	4	5
19 Marc l. 589 —	19 De.	l. 3	1	2
18 Marc l. 558 —	18 De.	l. 2	18	—
17 Marc l. 527 —	17 De.	l. 2	14	9
16 Marc l. 496 —	16 De.	l. 2	11	6
15 Marc l. 465 —	15 De.	l. 2	8	4
14 Marc l. 434 —	14 De.	l. 2	5	2
13 Marc l. 403 —	13 De.	l. 2	1	11
12 Marc l. 372 —	12 De.	l. 1	18	9
11 Marc l. 341 —	11 De.	l. 1	15	5
10 Marc l. 310 —	10 De.	l. 1	12	2
9 Marc l. 279 —	9 De.	l. 1	9	—
8 Marc l. 248 —	8 De.	l. 1	5	9
7 Marc l. 217 —	7 De.	l. 1	2	6
6 Marc l. 186 —	6 De.	l. —	19	4
5 Marc l. 155 —	5 De.	l. —	16	1
4 Marc l. 124 —	4 De.	l. —	12	10
3 Marc l. 93 —	3 De.	l. —	9	8
2 Marc l. 62 —	2 De.	l. —	6	5
1 Marc l. 31 —	1 De.	l. —	3	2

le Marc à l. 31. 10. l'Once à l. 3. 18. 9. d.

300 Marc	l. 9450	—	7 On.	l. 27	11	3
200 Marc	l. 6300	—	6 On.	l. 23	12	6
100 Marc	l. 3150	—	5 On.	l. 19	13	9
90 Marc	l. 2835	—	4 On.	l. 15	15	—
80 Marc	l. 2520	—	3 On.	l. 11	16	3
70 Marc	l. 2205	—	2 On.	l. 7	17	6
60 Marc	l. 1890	—	1 On.	l. 3	18	9
50 Marc	l. 1575	—	23 De.	l. 3	15	4
40 Marc	l. 1260	—	22 De.	l. 3	12	1
30 Marc	l. 945	—	21 De.	l. 3	8	10
20 Marc	l. 630	—	20 De.	l. 3	5	6
19 Marc	l. 598	10	19 De.	l. 3	2	3
18 Marc	l. 567	—	18 De.	l. 2	19	—
17 Marc	l. 535	10	17 De.	l. 2	15	8
16 Marc	l. 504	—	16 De.	l. 2	12	5
15 Marc	l. 472	10	15 De.	l. 2	9	2
14 Marc	l. 441	—	14 De.	l. 2	5	10
13 Marc	l. 409	10	13 De.	l. 2	2	7
12 Marc	l. 378	—	12 De.	l. 1	19	4
11 Marc	l. 346	10	11 De.	l. 1	16	—
10 Marc	l. 315	—	10 De.	l. 1	12	9
9 Marc	l. 283	10	9 De.	l. 1	9	6
8 Marc	l. 252	—	8 De.	l. 1	6	2
7 Marc	l. 220	10	7 De.	l. 1	2	11
6 Marc	l. 189	—	6 De.	l. —	19	8
5 Marc	l. 157	10	5 De.	l. —	16	4
4 Marc	l. 126	—	4 De.	l. —	13	—
3 Marc	l. 94	10	3 De.	l. —	9	10
2 Marc	l. 63	—	2 De.	l. —	6	6
1 Marc	l. 31	10	1 De.	l. —	3	3

le Marc à l. 2. 10 f. l'Onc. à l. 4. 1 f. 3 d.

Marc	l.	s.		Onc./De.	l.	s.	d.
300 Marc	l. 9750	—		7 On.	l. 28	8	9
200 Marc	l. 6500	—		6 On.	l. 24	7	6
100 Marc	l. 3250	—		5 On.	l. 20	6	3
90 Marc	l. 2925	—		4 On.	l. 16	5	—
80 Marc	l. 2600	—		3 On.	l. 12	3	9
70 Marc	l. 2275	—		2 On.	l. 8	2	6
60 Marc	l. 1950	—		1 On.	l. 4	1	3
50 Marc	l. 1625	—		23 De.	l. 3	17	10
40 Marc	l. 1300	—		22 De.	l. 3	14	5
30 Marc	l. 975	—		21 De.	l. 3	10	10
20 Marc	l. 650	—		20 De.	l. 3	7	8
19 Marc	l. 617	10		19 De.	l. 3	4	3
18 Marc	l. 585	—		18 De.	l. 3	—	11
17 Marc	l. 552	10		17 De.	l. 2	17	9
16 Marc	l. 520	—		16 De.	l. 2	14	2
15 Marc	l. 487	10		15 De.	l. 2	10	9
14 Marc	l. 455	—		14 De.	l. 2	7	4
13 Marc	l. 422	10		13 De.	l. 2	4	—
12 Marc	l. 390	—		12 De.	l. 2	—	7
11 Marc	l. 357	10		11 De.	l. 1	17	2
10 Marc	l. 325	—		10 De.	l. 1	13	9
9 Marc	l. 292	10		9 De.	l. 1	10	5
8 Marc	l. 260	—		8 De.	l. 1	7	1
7 Marc	l. 227	10		7 De.	l. 1	3	8
6 Marc	l. 195	—		6 De.	l. 1	—	3
5 Marc	l. 162	10		5 De.	l. —	16	10
4 Marc	l. 130	—		4 De.	l. —	13	6
3 Marc	l. 97	10		3 De.	l. —	10	1
2 Marc	l. 65	—		2 De.	l. —	6	9
1 Marc	l. 32	10		1 De.	l. —	3	4

le Marc à l. 32.		l. Once à l. 4.		
300 Marc	l. 9600	7 On.	l. 28	
200 Marc	l. 6400	6 On.	l. 24	
100 Marc	l. 3200	5 On.	l. 20	
90 Marc	l. 2880	4 On.	l. 16	
80 Marc	l. 2560	3 On.	l. 12	
70 Marc	l. 2240	2 On.	l. 8	
60 Marc	l. 1920	1 On.	l. 4	
50 Marc	l. 1600	23 De.	l. 3	16	8
40 Marc	l. 1280	22 De.	l. 3	13	4
30 Marc	l. 960	21 De.	l. 3	10	
20 Marc	l. 640	20 De.	l. 3	6	8
19 Marc	l. 608	19 De.	l. 3	3	4
18 Marc	l. 576	18 De.	l. 3		
17 Marc	l. 544	17 De.	l. 2	16	8
16 Marc	l. 512	16 De.	l. 2	13	4
15 Marc	l. 480	15 De.	l. 2	10	
14 Marc	l. 448	14 De.	l. 2	6	8
13 Marc	l. 416	13 De.	l. 2	3	4
12 Marc	l. 384	12 De.	l. 2		
11 Marc	l. 352	11 De.	l. 1	16	8
10 Marc	l. 320	10 De.	l. 1	13	4
9 Marc	l. 288	9 De.	l. 1	10	
8 Marc	l. 256	8 De.	l. 1	6	8
7 Marc	l. 224	7 De.	l. 1	3	4
6 Marc	l. 192	6 De.	l. 1		
5 Marc	l. 160	5 De.	l.	16	8
4 Marc	l. 128	4 De.	l.	13	4
3 Marc	l. 96	3 De.	l.	10	
2 Marc	l. 64	2 De.	l.	6	8
1 Marc	l. 32	1 De.	l.	3	4

Fraction de 6. pris differens au Marc.

1 Marc l.	32	2	6	1 Marc l. 32	12	6
4 Onc. l.	16	1	3	4 Onc. l. 16	6	3
2 Onc. l.	8	—	7	2 Onc. l. 8	3	1
1 Onc. l.	4	—	3	1 Onc. l. 4	1	6
12 De. l.	2	—	1	12 De. l. 2	—	9
6 Den. l.	1	—	—	6 Den. l. 1	—	4
3 Den. l.	—	10	—	3 Den. l. —	10	1
2 Den. l.	—	6	8	2 Den. l. —	6	9
1 Den. l.	—	3	4	1 Den. l. —	3	4
½ Den. l.	—	1	8	½ Den. l. —	1	8
1 Marc l.	32	5	—	1 Marc l. 32	15	—
4 Onc. l.	16	2	6	4 Onc. l. 16	7	6
2 Onc. l.	8	1	3	2 Onc. l. 8	3	9
1 Onc. l.	4	—	7	1 Onc. l. 4	1	10
12 De. l.	2	—	3	12 De. l. 2	—	11
6 Den. l.	1	—	1	6 Den. l. 1	—	5
3 Den. l.	—	10	—	3 Den. l. —	10	2
2 Den. l.	—	6	8	2 Den. l. —	6	9
1 Den. l.	—	3	4	1 Den. l. —	3	4
½ Den. l.	—	1	8	½ Den. l. —	1	8
1 Marc l.	32	7	6	1 Marc l. 32	17	6
4 Onc. l.	16	3	9	4 Onc. l. 16	8	9
2 Onc. l.	8	1	10	2 Onc. l. 8	4	4
1 Onc. l.	4	—	11	1 Onc. l. 4	2	2
12 De. l.	2	—	5	12 De. l. 2	1	1
6 Den. l.	1	—	2	6 Den. l. 1	—	6
3 Den. l.	—	10	1	3 Den. l. —	10	3
2 Den. l.	—	6	8	2 Den. l. —	6	10
1 Den. l.	—	3	4	1 Den. l. —	3	5

Fraction de 6. pris different au Marc.

1 Marc l. 33	2	6	1 Marc l. 33	12	6
4 Onc. l. 16	11	3	4 Onc. l. 16	16	3
2 Onc. l. 8	5	7	2 Onc. l. 8	8	1
1 Onc. l. 4	2	9	1 Onc. l. 4	4	—
12 De. l. 2	1	4	12 Den. l. 2	2	—
6 Den. l. 1	—	8	6 Den. l. 1	1	—
3 Den. l. —	10	4	3 Den. l. —	10	6
2 Den. l. —	6	10	2 Den. l. —	7	—
1 Den. l. —	3	5	1 Den. l. —	3	6
½ Den. l. —	1	8	½ Den. l. —	1	9
1 Marc l. 33	5	—	1 Marc l. 33	15	—
4 Onc. l. 16	12	6	4 Onc. l. 16	17	6
2 Onc. l. 8	6	3	2 Onc. l. 8	8	9
1 Onc. l. 4	3	1	1 Onc. l. 4	4	4
12 De. l. 2	1	6	12 De. l. 2	2	2
6 Den. l. 1	—	9	6 Den. l. 1	1	1
3 Den. l. —	10	4	3 Den. l. —	10	6
2 Den. l. —	6	11	2 Den. l. —	7	—
1 Den. l. —	3	5	1 Den. l. —	3	6
½ Den. l. —	1	8	½ Den. l. —	1	9
1 Marc l. 33	7	6	1 Marc l. 33	17	6
4 Onc. l. 16	13	9	4 Onc. l. 16	18	9
2 Onc. l. 8	6	10	2 Onc. l. 8	9	4
1 Onc. l. 4	3	5	1 Onc. l. 4	4	8
12 Den. l. 2	1	8	12 De. l. 2	2	4
6 Den. l. 1	—	10	6 Den. l. 1	1	2
3 Den. l. —	10	5	3 Den. l. —	10	7
2 Den. l. —	6	11	2 Den. l. —	7	—
1 Den. l. —	3	5	1 Den. l. —	3	6

le Marc à l. 33.	l'Once à l. 4. 2. 6. d.		
300 Marc l. 9900 —	7 On. l. 28	17	6
200 Marc l. 6600 —	6 On. l. 24	15	—
100 Marc l. 3300 —	5 On. l. 20	12	6
90 Marc l. 2970 —	4 On. l. 16	10	—
80 Marc l. 2640 —	3 On. l. 12	7	6
70 Marc l. 2310 —	2 On. l. 8	5	—
60 Marc l. 1980 —	1 On. l. 4	2	6
50 Marc l. 1650 —	23 De. l. 3	18	11
40 Marc l. 1320 —	22 De. l. 3	15	6
30 Marc l. 990 —	21 De. l. 3	12	1
20 Marc l. 660 —	20 De. l. 3	8	8
19 Marc l. 627 —	19 De. l. 3	5	3
18 Marc l. 594 —	18 De. l. 3	1	10
17 Marc l. 561 —	17 De. l. 2	18	4
16 Marc l. 528 —	16 De. l. 2	14	11
15 Marc l. 495 —	15 De. l. 2	11	6
14 Marc l. 462 —	14 De. l. 2	8	1
13 Marc l. 429 —	13 De. l. 2	4	8
12 Marc l. 396 —	12 De. l. 2	1	3
11 Marc l. 363 —	11 De. l. 1	17	8
10 Marc l. 330 —	10 De. l. 1	14	3
9 Marc l. 297 —	9 De. l. 1	10	10
8 Marc l. 264 —	8 De. l. 1	7	5
7 Marc l. 231 —	7 De. l. 1	4	—
6 Marc l. 198 —	6 De. l. 1	—	7
5 Marc l. 165 —	5 De. l. —	17	1
4 Marc l. 132 —	4 De. l. —	13	8
3 Marc l. 99 —	3 De. l. —	10	3
2 Marc l. 66 —	1 De. l. —	3	5
1 Marc l. 33 —	½ De. l. —	1	8

le Marc à l. 33. 10. l'Once à l. 4. 3. 9. d.

300 Marc l.	10050	—	7 On. l.	29	6	3
200 Marc l.	6700	—	6 On. l.	25	2	6
100 Marc l.	3350	—	5 On. l.	20	18	9
90 Marc l.	3015	—	4 On. l.	16	15	—
80 Marc l.	2680	—	3 On. l.	12	11	3
70 Marc l.	2345	—	2 On. l.	8	7	6
60 Marc l.	2010	—	1 On. l.	4	3	9
50 Marc l.	1675	—	23 De. l.	4	—	1
40 Marc l.	1340	—	22 De. l.	3	16	7
30 Marc l.	1005	—	21 De. l.	3	13	2
20 Marc l.	670	—	20 De. l.	3	9	8
19 Marc l.	636	10	19 De. l.	3	6	2
18 Marc l.	603	—	18 De. l.	3	2	9
17 Marc l.	569	10	17 De. l.	2	19	2
16 Marc l.	536	—	16 De. l.	2	15	8
15 Marc l.	502	10	15 De. l.	2	12	3
14 Marc l.	469	—	14 De. l.	2	8	9
13 Marc l.	435	10	13 De. l.	2	5	3
12 Marc l.	402	—	12 De. l.	2	1	10
11 Marc l.	368	10	11 De. l.	1	18	3
10 Marc l.	335	—	10 De. l.	1	14	9
9 Marc l.	301	10	9 De. l.	1	11	4
8 Marc l.	268	—	8 De. l.	1	7	10
7 Marc l.	234	10	7 De. l.	1	4	4
6 Marc l.	201	—	6 De. l.	1	—	11
5 Marc l.	167	10	5 De. l.	—	17	4
4 Marc l.	134	—	4 De. l.	—	13	10
3 Marc l.	100	10	3 De. l.	—	10	5
2 Marc l.	67	—	1 De. l.	—	3	5
1 Marc l.	33	10	Demi l.	—	1	8

le Marc à l. 34. l'Once à l. 4. 5.

300 Marc l. 10200 —	7 On. l. 29	15 —
200 Marc l. 6800 —	6 On. l. 25	10 —
100 Marc l. 3400 —	5 On. l. 21	5 —
90 Marc l. 3060 —	4 On. l. 17	—
80 Marc l. 2720 —	3 On. l. 12	15 —
70 Marc l. 2380 —	2 On. l. 8	10 —
60 Marc l. 2040 —	1 On. l. 4	5
50 Marc l. 1700 —	23 De. l. 4	1 5
40 Marc l. 1360 —	22 De. l. 3	17 10
30 Marc l. 1020 —	21 De. l. 3	14 4
20 Marc l. 680 —	20 De. l. 3	10
19 Marc l. 646 —	19 De. l. 3	7 3
18 Marc l. 612 —	18 De. l. 3	3 9
17 Marc l. 578 —	17 De. l. 3	— 2
16 Marc l. 544 —	16 De. l. 2	16 8
15 Marc l. 510 —	15 De. l. 2	13 1
14 Marc l. 476 —	14 De. l. 2	9 7
13 Marc l. 442 —	13 De. l. 2	6 —
12 Marc l. 408 —	12 De. l. 2	2 6
11 Marc l. 374 —	11 De. l. 1	18 11
10 Marc l. 340 —	10 De. l. 1	15 4
9 Marc l. 306 —	9 De. l. 1	11 10
8 Marc l. 272 —	8 De. l. 1	8 4
7 Marc l. 238 —	7 De. l. 1	4 9
6 Marc l. 204 —	6 De. l. 1	1 3
5 Marc l. 170 —	5 De. l. —	17 8
4 Marc l. 136 —	4 De. l. —	14 2
3 Marc l. 102 —	3 De. l. —	10 7
2 Marc l. 68 —	1 De. l. —	3 6
1 Marc l. 34 —	Demi l. —	1 9

le Marc à l. 34. 10. l'Once à l. 4. 6. 3. d.

		s.				l.	s.	d.
300 Marc	l. 10350	—		7 On.	l. 30	3	9
200 Marc	l. 6900	—		6 On.	l. 25	17	6
100 Marc	l. 3450	—		5 On.	l. 21	11	3
90 Marc	l. 3105	—		4 On.	l. 17	5	—
80 Marc	l. 2760	—		3 On.	l. 12	18	9
70 Marc	l. 2415	—		2 On.	l. 8	12	6
60 Marc	l. 2070	—		1 On.	l. 4	6	3
50 Marc	l. 1725	—		23 De.	l. 4	2	6
40 Marc	l. 1380	—		22 De.	l. 3	18	11
30 Marc	l. 1035	—		21 De.	l. 3	15	4
20 Marc	l. 690	—		20 De.	l. 3	11	9
19 Marc	l. 655	10		19 De.	l. 3	8	2
18 Marc	l. 621	—		18 De.	l. 3	4	7
17 Marc	l. 586	10		17 De.	l. 3	1	—
16 Marc	l. 552	—		16 De.	l. 2	17	5
15 Marc	l. 517	10		15 De.	l. 2	13	10
14 Marc	l. 483	—		14 De.	l. 2	10	3
13 Marc	l. 448	10		13 De.	l. 2	6	8
12 Marc	l. 414	—		12 De.	l. 2	3	1
11 Marc	l. 379	10		11 De.	l. 1	19	5
10 Marc	l. 345	—		10 De.	l. 1	15	10
9 Marc	l. 310	10		9 De.	l. 1	12	3
8 Marc	l. 276	—		8 De.	l. 1	8	8
7 Marc	l. 241	10		7 De.	l. 1	5	1
6 Marc	l. 207	—		6 De.	l. 1	1	6
5 Marc	l. 172	10		5 De.	l. —	17	11
4 Marc	l. 138	—		4 De.	l. —	14	4
3 Marc	l. 103	10		3 De.	l. —	10	9
2 Marc	l. 69	—		1 De.	l. —	3	7
1 Marc	l. 34	10		Demi	l. —	1	9

Fraction de 6. pris different au Marc.

1 Marc l. 34	2	6	1 Marc l. 34	12	6
4 Onc. l. 17	1	3	4 Onc. l. 17	6	3
2 Onc. l. 8	10	7	2 Onc. l. 8	13	1
1 Onc. l. 4	5	3	1 Onc. l. 4	6	6
12 De. l. 2	2	7	12 Den. l. 2	3	3
6 Den. l. 1	1	3	6 Den. l. 1	1	7
3 Den. l. —	10	7	3 Den. l. —	10	9
2 Den. l. —	7	1	2 Den. l. —	7	2
1 Den. l. —	3	6	1 Den. l. —	3	7
½ Den. l. —	1	9	½ Den. l. —	1	9
1 Marc l. 34	5	—	1 Marc l. 34	15	—
4 Onc. l. 17	2	6	4 Onc. l. 17	7	6
2 Onc. l. 8	11	3	2 Onc. l. 8	13	9
1 Onc. l. 4	5	7	1 Onc. l. 4	6	10
12 De. l. 2	2	9	12 De. l. 2	3	5
6 Den. l. 1	1	4	6 Den. l. 1	1	8
3 Den. l. —	10	8	3 Den. l. —	10	10
2 Den. l. —	7	1	2 Den. l. —	7	2
1 Den. l. —	3	6	1 Den. l. —	3	7
½ Den. l. —	1	9	½ Den. l. —	1	9
1 Marc l. 34	7	6	1 Marc l. 34	17	6
4 Onc. l. 17	3	9	4 Onc. l. 17	8	9
2 Onc. l. 8	11	10	2 Onc. l. 8	14	4
1 Onc. l. 4	5	11	1 Onc. l. 4	7	2
12 De. l. 2	2	11	12 De. l. 2	3	7
6 Den. l. 1	1	5	6 Den. l. 1	1	9
3 Den. l. —	10	8	3 Den. l. —	10	10
2 Den. l. —	3	6	1 Den. l. —	3	7
2 Den. l. —	1	9	Demi l. —	1	9

Fraction de 6. pris different au Marc

1 Marc l.	35	2	6	1 Marc l.	35	12	6
4 Onc. l.	17	11	3	4 Onc. l.	17	16	3
2 Onc. l.	8	15	7	2 Onc. l.	8	18	1
1 Onc. l.	4	7	9	1 Onc. l.	4	9	—
12 De. l.	2	3	10	12 De. l.	2	4	6
6 Den. l.	1	1	11	6 Den. l.	1	2	3
3 Den. l.	—	10	11	3 Den. l.	—	11	1
2 Den. l.	—	7	3	2 Den. l.	—	7	5
1 Den. l.	—	3	7	1 Den. l.	—	3	8
½ Den. l.	—	1	9	½ Den. l.	—	1	10
1 Marc l.	35	5	6	1 Marc l.	35	15	—
4 Onc. l.	17	12	9	4 Onc. l.	17	17	6
2 Onc. l.	8	16	4	2 Onc. l.	8	18	9
1 Onc. l.	4	8	2	1 Onc. l.	4	9	4
12 De. l.	2	4	1	12 De. l.	2	4	8
6 Den. l.	1	2	—	6 Den. l.	1	2	4
3 Den. l.	—	11	—	3 Den. l.	—	11	2
2 Den. l.	—	7	4	2 Den. l.	—	7	5
1 Den. l.	—	3	8	1 Den. l.	—	3	8
½ Den. l.	—	1	10	½ Den. l.	—	1	10
1 Marc l.	35	7	6	1 Marc l.	35	17	6
4 Onc. l.	17	13	9	4 Onc. l.	17	18	9
2 Onc. l.	8	16	10	2 Onc. l.	8	19	4
1 Onc. l.	4	8	5	1 Onc. l.	4	9	8
12 De. l.	2	4	2	12 De. l.	2	4	10
6 Den. l.	1	2	1	6 Den. l.	1	2	5
3 Den. l.	—	11	—	3 Den. l.	—	11	2
1 Den. l.	—	3	8	1 Den. l.	—	3	8
Demi. l.	—	1	10	Demi. l.	—	1	10

le Marc à l. 35. l'Once à l. 4. 7. 6. d.

300 Marc l.	10500	7 On. l.	30	12	6
200 Marc l.	7000	6 On. l.	26	5	—
100 Marc l.	3500	5 On. l.	21	17	6
90 Marc l.	3150	4 On. l.	17	10	—
80 Marc l.	2800	3 On. l.	13	2	6
70 Marc l.	2450	2 On. l.	8	15	—
60 Marc l.	2100	1 On. l.	4	7	6
50 Marc l.	1750	23 De. l.	4	3	9
40 Marc l.	1400	22 De. l.	4	—	1
30 Marc l.	1050	21 De. l.	3	16	6
20 Marc l.	700	20 De. l.	3	12	10
19 Marc l.	665	19 De. l.	3	9	2
18 Marc l.	630	18 De. l.	3	5	7
17 Marc l.	595	17 De. l.	3	1	11
16 Marc l.	560	16 De. l.	2	18	3
15 Marc l.	525	15 De. l.	2	14	8
14 Marc l.	490	14 De. l.	2	11	—
13 Marc l.	455	13 De. l.	2	7	4
12 Marc l.	420	12 De. l.	2	3	9
11 Marc l.	385	11 De. l.	2	—	—
10 Marc l.	350	10 De. l.	1	16	4
9 Marc l.	315	9 De. l.	1	12	9
8 Marc l.	280	8 De. l.	1	9	1
7 Marc l.	245	7 De. l.	1	5	5
6 Marc l.	210	6 De. l.	1	1	10
5 Marc l.	175	5 De. l.	—	18	2
4 Marc l.	140	4 De. l.	—	14	6
3 Marc l.	105	3 De. l.	—	10	11
2 Marc l.	70	1 De. l.	—	3	7
1 Marc l.	35	Demi l.	—	1	9

Marc à l. 35. 10. l'Once à l. 4. 8. 9. d

		s	d
300 Marc l. 10650 —	7 On. l. 31	3	3
200 Marc l. 7100 —	6 On. l. 26	12	6
100 Marc l. 3550 —	5 On. l. 22	3	9
90 Marc l. 3195 —	4 On. l. 17	15	—
80 Marc l. 2840 —	3 On. l. 13	6	3
70 Marc l. 2485 —	2 On. l. 8	17	6
60 Marc l. 2130 —	1 On. l. 4	8	9
50 Marc l. 1775 —	23 De. l. 4	4	11
40 Marc l. 1420 —	22 De. l. 4	1	3
30 Marc l. 1065 —	21 De. l. 3	17	7
20 Marc l. 710 —	20 De. l. 3	13	10
19 Marc l. 674 10	19 De. l. 3	10	2
18 Marc l. 639 —	18 De. l. 3	6	6
17 Marc l. 603 10	17 De. l. 3	2	9
16 Marc l. 568 —	16 De. l. 2	19	1
15 Marc l. 532 10	15 De. l. 2	15	5
14 Marc l. 497 —	14 De. l. 2	11	8
13 Marc l. 461 10	13 De. l. 2	8	—
12 Marc l. 426 —	12 De. l. 2	4	4
11 Marc l. 390 10	11 De. l. 2	—	7
10 Marc l. 355 —	10 De. l. 1	16	11
9 Marc l. 319 10	9 De. l. 1	13	3
8 Marc l. 284 —	8 De. l. 1	9	6
7 Marc l. 248 10	7 De. l. 1	5	10
6 Marc l. 213 —	6 De. l. 1	2	2
5 Marc l. 177 10	5 De. l. —	18	5
4 Marc l. 142 —	4 De. l. —	14	9
3 Marc l. 106 10	3 De. l. —	11	2
2 Marc l. 71 —	1 De. l. —	3	8
1 Marc l. 35 10	Demi l.	2	10

le Marc à l. 36.   l'Once à l. 4. 10.

300 Marc l. 10800 —		7 On. l.	31	10	—
200 Marc l. 7200 —		6 On. l.	27	—	—
100 Marc l. 3600 —		5 On. l.	22	10	—
90 Marc l. 3240 —		4 On. l.	18	—	—
80 Marc l. 2880 —		3 On. l.	13	10	—
70 Marc l. 2520 —		2 On. l.	9	—	—
60 Marc l. 2160 —		1 On. l.	4	10	—
50 Marc l. 1800 —		23 De. l.	4	6	3
40 Marc l. 1440 —		22 De. l.	4	2	6
30 Marc l. 1080 —		21 De. l.	3	18	9
20 Marc l. 720 —		20 De. l.	3	15	—
19 Marc l. 684 —		19 De. l.	3	11	3
18 Marc l. 648 —		18 De. l.	3	7	6
17 Marc l. 612 —		17 De. l.	3	3	9
16 Marc l. 576 —		16 De. l.	3	—	—
15 Marc l. 540 —		15 De. l.	2	16	3
14 Marc l. 504 —		14 De. l.	2	12	6
13 Marc l. 468 —		13 De. l.	2	8	9
12 Marc l. 432 —		12 De. l.	2	5	—
11 Marc l. 396 —		11 De. l.	2	1	3
10 Marc l. 360 —		10 De. l.	1	17	6
9 Marc l. 324 —		9 De. l.	1	13	9
8 Marc l. 288 —		8 De. l.	1	10	—
7 Marc l. 252 —		7 De. l.	1	6	3
6 Marc l. 216 —		6 De. l.	1	2	6
5 Marc l. 180 —		5 De. l.	—	18	9
4 Marc l. 144 —		4 De. l.	—	15	—
3 Marc l. 108 —		3 De. l.	—	11	3
2 Marc l. 72 —		1 De. l.	—	3	9
1 Marc l. 36 —		Demi l.	—	1	10

le Marc à l. 36. 10. l'Once à l. 4. 11. 3. d.

300 Marc l.	10950	—	7 On. l.	31	18	9
200 Marc l.	7300	—	6 On. l.	27	7	6
100 Marc l.	3650	—	5 On. l.	22	16	3
90 Marc l.	3285	—	4 On. l.	18	5	—
80 Marc l.	2920	—	3 On. l.	13	13	9
70 Marc l.	2555	—	2 On. l.	9	2	6
60 Marc l.	2190	—	1 On. l.	4	11	3
50 Marc l.	1825	—	23 De. l.	4	7	3
40 Marc l.	1460	—	22 De. l.	4	3	5
30 Marc l.	1095	—	21 De. l.	3	19	8
20 Marc l.	730	—	20 De. l.	3	15	11
19 Marc l.	693	10	19 De. l.	3	12	1
18 Marc l.	657	—	18 De. l.	3	8	4
17 Marc l.	620	10	17 De. l.	3	4	6
16 Marc l.	584	—	16 De. l.	3	—	8
15 Marc l.	547	10	15 De. l.	2	16	11
14 Marc l.	511	—	14 De. l.	2	13	2
13 Marc l.	474	10	13 De. l.	2	9	4
12 Marc l.	438	—	12 De. l.	2	5	7
11 Marc l.	401	10	11 De. l.	2	1	8
10 Marc l.	365	—	10 De. l.	1	17	10
9 Marc l.	328	10	9 De. l.	1	14	1
8 Marc l.	292	—	8 De. l.	1	10	4
7 Marc l.	255	10	7 De. l.	1	6	6
6 Marc l.	219	—	6 De. l.	1	2	9
5 Marc l.	182	10	5 De. l.	—	18	11
4 Marc l.	146	—	4 De. l.	—	15	2
3 Marc l.	109	10	3 De. l.	—	11	4
2 Marc l.	73	—	1 De. l.	—	3	9
1 Marc l.	36	10	Demi l.	—	1	10

Fraction de 6. pris differens au Marc.

1 Marc l. 36	2	6	1 Marc l. 36	12	6
4 Onc. l. 18	1	3	4 Onc. l. 18	6	3
2 Onc. l. 9	—	7	2 Onc. l. 9	3	1
1 Onc. l. 4	10	3	1 Onc. l. 4	11	6
12 De. l. 2	5	1	12 De. l. 2	5	9
6 Den. l. 1	2	6	6 Den. l. 1	2	10
3 Den. l. —	11	3	3 Den. l. —	11	5
2 Den. l. —	7	6	2 Den. l. —	7	7
1 Den. l. —	3	9	1 Den. l. —	3	9
½ Den. l. —	1	10	½ Den. l. —	1	10
1 Marc l. 36	5	—	1 Marc l. 36	15	—
4 Onc. l. 18	2	6	4 Onc. l. 18	7	6
2 Onc. l. 9	1	3	2 Onc. l. 9	3	9
1 Onc. l. 4	10	7	1 Onc. l. 4	11	10
12 De. l. 2	5	3	12 De. l. 2	5	11
6 Den. l. 1	2	7	6 Den. l. 1	2	11
3 Den. l. —	11	3	3 Den. l. —	11	5
2 Den. l. —	7	6	2 Den. l. —	7	7
1 Den. l. —	3	9	1 Den. l. —	3	9
½ Den. l. —	1	10	½ Den. l. —	1	10
1 Marc l. 36	7	6	1 Marc l. 36	17	6
4 Onc. l. 18	3	9	4 Onc. l. 18	8	9
2 Onc. l. 9	1	10	2 Onc. l. 9	4	4
1 Onc. l. 4	10	11	1 Onc. l. 4	12	2
12 De. l. 2	5	5	12 De. l. 2	6	1
6 Den. l. 1	2	8	6 Den. l. 1	3	—
3 Den. l. —	11	4	3 Den. l. —	11	6
1 Den. l. —	3	9	1 Den. l. —	3	10
½ Den. l. —	1	10	½ De. l. —	1	1

Fraction de 6. pris different au Marc.

1 Marc l.	37	2	6	1 Marc l. 37	12	6
4 Onc. l.	18	11	3	4 Onc. l. 18	16	3
2 Onc. l.	9	5	7	2 Onc. l. 9	8	1
1 Onc. l.	4	12	9	1 Onc. l. 4	14	—
12 De. l.	2	6	4	12 Den. l. 2	7	—
6 Den. l.	1	3	2	6 Den. l. 1	3	6
3 Den. l.	—	11	7	3 Den. l. —	11	9
2 Den. l.	—	7	8	2 Den. l. —	7	10
1 Den. l.	—	3	10	1 Den. l. —	3	11
½ Den. l.	—	1	11	½ Den. l. —	1	11
1 Marc l.	37	5	—	1 Marc l. 37	15	—
4 Onc. l.	18	12	6	4 Onc. l. 18	17	6
2 Onc. l.	9	6	3	2 Onc. l. 9	8	9
1 Onc. l.	4	13	1	1 Onc. l. 4	14	4
12 De. l.	2	6	6	12 De. l. 2	7	2
6 Den. l.	1	3	3	6 Den. l. 1	3	7
3 Den. l.	—	11	7	3 Den. l. —	11	9
2 Den. l.	—	7	9	2 Den. l. —	7	10
1 Den. l.	—	3	10	1 Den. l. —	3	11
½ Den. l.	—	1	11	½ Den. l. —	1	11
1 Marc l.	37	7	6	1 Marc l. 37	17	6
4 Onc. l.	18	13	9	4 Onc. l. 18	18	9
2 Onc. l.	9	6	10	2 Onc. l. 9	9	4
1 Onc. l.	4	13	5	1 Onc. l. 4	14	8
12 Den. l.	2	6	8	12 De. l. 2	7	4
6 Den. l.	1	3	4	6 Den. l. 1	3	8
3 Den. l.	—	11	8	3 Den. l. —	11	10
1 Den. l.	—	3	10	1 Den. l. —	3	11
Demi l.	—	1	11	½ De. l. —	1	11

le Marc à l. 37. l'Once à l. 4. 12. 6. d.

300 Marc	l. 11100	—	7 On.	l. 32	7	6
200 Marc	l. 7400	—	6 On.	l. 27	15	—
100 Marc	l. 3700	—	5 On.	l. 23	2	6
90 Marc	l. 3330	—	4 On.	l. 18	10	—
80 Marc	l. 2960	—	3 On.	l. 13	17	6
70 Marc	l. 2590	—	2 On.	l. 9	5	—
60 Marc	l. 2220	—	1 On.	l. 4	12	6
50 Marc	l. 1850	—	23 De.	l. 4	8	6
40 Marc	l. 1480	—	22 De.	l. 4	4	8
30 Marc	l. 1110	—	21 De.	l. 4	—	10
20 Marc	l. 740	—	20 De.	l. 3	17	—
19 Marc	l. 703	—	19 De.	l. 3	13	2
18 Marc	l. 666	—	18 De.	l. 3	9	4
17 Marc	l. 629	—	17 De.	l. 3	5	4
16 Marc	l. 592	—	16 De.	l. 3	1	7
15 Marc	l. 555	—	15 De.	l. 2	17	9
14 Marc	l. 518	—	14 De.	l. 2	13	11
13 Marc	l. 481	—	13 De.	l. 2	10	1
12 Marc	l. 444	—	12 De.	l. 2	6	3
11 Marc	l. 407	—	11 De.	l. 2	2	2
10 Marc	l. 370	—	10 De.	l. 1	18	5
9 Marc	l. 333	—	9 De.	l. 1	14	7
8 Marc	l. 296	—	8 De.	l. 1	10	9
7 Marc	l. 259	—	7 De.	l. 1	6	11
6 Marc	l. 222	—	6 De.	l. 1	3	1
5 Marc	l. 185	—	5 De.	l. —	19	2
4 Marc	l. 148	—	4 De.	l. —	15	4
3 Marc	l. 111	—	3 De.	l. —	11	6
2 Marc	l. 74	—	1 De.	l. —	3	10
1 Marc	l. 37	—	Demi l. —		1	11

le Marc à l. 37. 10. l'Onc. à l. 4. 13. 9. d.

300 Marc l.	11250	—	7 On. l.	32	16	3
200 Marc l.	7500	—	6 On. l.	28	2	6
100 Marc l.	3750	—	5 On. l.	23	8	9
90 Marc l.	3375	—	4 On. l.	18	15	—
80 Marc l.	3000	—	3 On. l.	14	1	3
70 Marc l.	2625	—	2 On. l.	9	7	6
60 Marc l.	2250	—	1 On. l.	4	13	9
50 Marc l.	1875	—	23 De. l.	4	9	8
40 Marc l.	1500	—	22 De. l.	4	5	9
30 Marc l.	1125	—	21 De. l.	4	1	11
20 Marc l.	750	—	20 De. l.	3	18	—
19 Marc l.	712	10	19 De. l.	3	14	1
18 Marc l.	675	—	18 De. l.	3	10	3
17 Marc l.	637	10	17 De. l.	3	6	3
16 Marc l.	600	—	16 De. l.	3	2	4
15 Marc l.	562	10	15 De. l.	2	18	6
14 Marc l.	525	—	14 De. l.	2	14	7
13 Marc l.	487	10	13 De. l.	2	10	8
12 Marc l.	450	—	12 De. l.	2	6	10
11 Marc l.	412	10	11 De. l.	2	2	10
10 Marc l.	375	—	10 De. l.	1	18	11
9 Marc l.	337	10	9 De. l.	1	15	1
8 Marc l.	300	—	8 De. l.	1	11	2
7 Marc l.	262	10	7 De. l.	1	7	3
6 Marc l.	225	—	6 De. l.	1	3	5
5 Marc l.	187	10	5 De. l.	—	19	5
4 Marc l.	150	—	4 De. l.	—	15	6
3 Marc l.	112	10	3 De. l.	—	11	8
2 Marc l.	75	—	1 De. l.	—	3	10
1 Marc l.	37	10	Demi l.	—	1	11

le Marc à l. 38. l'Once à l. 4. 15.

Marc	livres		Once/Denier	livres	sols	deniers
300 Marc	l. 11400	—	7 On.	l. 33	5	
200 Marc	l. 7600	—	6 On.	l. 28	10	
100 Marc	l. 3800	—	5 On.	l. 23	15	
90 Marc	l. 3420	—	4 On.	l. 19	—	
80 Marc	l. 3040	—	3 On.	l. 14	5	
70 Marc	l. 2660	—	2 On.	l. 9	10	
60 Marc	l. 2280	—	1 On.	l. 4	15	
50 Marc	l. 1900	—	23 De.	l. 4	11	
40 Marc	l. 1520	—	22 De.	l. 4	7	
30 Marc	l. 1140	—	21 De.	l. 4	3	1
20 Marc	l. 760	—	20 De.	l. 3	19	2
19 Marc	l. 722	—	19 De.	l. 3	15	2
18 Marc	l. 684	—	18 De.	l. 3	11	2
17 Marc	l. 646	—	17 De.	l. 3	7	3
16 Marc	l. 608	—	16 De.	l. 3	3	4
15 Marc	l. 570	—	15 De.	l. 2	19	4
14 Marc	l. 532	—	14 De.	l. 2	15	5
13 Marc	l. 494	—	13 De.	l. 2	11	5
12 Marc	l. 456	—	12 De.	l. 2	7	6
11 Marc	l. 418	—	11 De.	l. 2	3	6
10 Marc	l. 380	—	10 De.	l. 1	19	6
9 Marc	l. 342	—	9 De.	l. 1	15	7
8 Marc	l. 304	—	8 De.	l. 1	11	8
7 Marc	l. 266	—	7 De.	l. 1	7	8
6 Marc	l. 228	—	6 De.	l. 1	3	9
5 Marc	l. 190	—	5 De.	l. —	19	9
4 Marc	l. 152	—	4 De.	l. —	15	10
3 Marc	l. 114	—	3 De.	l. —	11	10
2 Marc	l. 76	—	1 De.	l. —	3	11
1 Marc	l. 38	—	Demi l.	—		11

le Marc à l. 38. 10.	l'Once à l. 4. 16. 3. d.
300 Marc l. 11550 —	7 On. l. 33 13 9
200 Marc l. 7700 —	6 On. l. 28 17 6
100 Marc l. 3850 —	5 On. l. 24 1 3
90 Marc l. 3465 —	4 On. l. 19 5 —
80 Marc l. 3080 —	3 On. l. 14 8 9
70 Marc l. 2695 —	2 On. l. 9 12 6
60 Marc l. 2310 —	1 On. l. 4 16 3
50 Marc l. 1925 —	23 De. l. 4 12 1
40 Marc l. 1540 —	22 De. l. 4 8 1
30 Marc l. 1155 —	21 De. l. 4 4 1
20 Marc l. 770 —	20 De. l. 4 — 1
19 Marc l. 731 10	19 De. l. 3 16 1
18 Marc l. 693 —	18 De. l. 3 12 1
17 Marc l. 654 10	17 De. l. 3 8 1
16 Marc l. 616 —	16 De. l. 3 4 1
15 Marc l. 577 10	15 De. l. 3 — 1
14 Marc l. 539 —	14 De. l. 2 16 1
13 Marc l. 500 10	13 De. l. 2 12 1
12 Marc l. 462 —	12 De. l. 2 8 1
11 Marc l. 423 10	11 De. l. 2 4 —
10 Marc l. 385 —	10 De. l. 2 — —
9 Marc l. 346 10	9 De. l. 1 16 —
8 Marc l. 308 —	8 De. l. 1 12 —
7 Marc l. 269 10	7 De. l. 1 8 —
6 Marc l. 231 —	6 De. l. 1 4 —
5 Marc l. 192 10	5 De. l. 1 — —
4 Marc l. 154 —	4 De. l. — 16 —
3 Marc l. 115 10	3 De. l. — 12 —
2 Marc l. 77 —	1 De. l. — 4 —
1 Marc l. 38 10	Demi l. — 2 —

Fraction de 6. pris différent au Marc.

1 Marc l.	39	2	6	1 Marc l. 39	12	6
4 Onc. l.	19	11	3	4 Onc. l. 19	16	3
2 Onc. l.	9	15	7	2 Onc. l. 9	18	1
1 Onc. l.	4	17	9	1 Onc. l. 4	19	—
12 De. l.	2	8	10	12 Den l. 2	9	6
6 Den. l.	1	4	5	6 Den. l. 1	4	9
3 Den. l.	—	12	2	3 Den. l. —	12	4
2 Den. l.	—	8	1	2 Den. l. —	8	3
1 Den. l.	—	4	—	1 Den. l. —	4	1
½ Den. l.	—	2	—	½ Den. l. —	2	—
1 Marc l.	39	5	—	1 Marc l. 39	15	—
4 Onc. l.	19	12	6	4 Onc. l. 19	17	6
2 Onc. l.	9	16	3	2 Onc. l. 9	18	9
1 Onc. l.	4	18	1	1 Onc. l. 4	19	4
12 De. l.	2	9	—	12 De. l. 2	9	8
6 Den. l.	1	4	6	6 Den. l. 1	4	10
3 Den. l.	—	12	3	3 Den. l. —	12	5
2 Den. l.	—	8	2	2 Den. l. —	8	3
1 Den. l.	—	4	1	1 Den. l. —	4	2
½ Den. l.	—	2	—	½ Den. l. —	2	—
1 Marc l.	39	7	6	1 Marc l. 39	17	6
4 Onc. l.	19	13	9	4 Onc. l. 19	18	9
2 Onc. l.	9	16	10	2 Onc. l. 9	19	4
1 Onc. l.	4	18	5	1 Onc. l. 4	19	8
12 De. l.	2	9	2	12 De. l. 2	9	10
6 Den. l.	1	4	7	6 Den. l. 1	4	11
3 Den. l.	—	12	3	3 Den. l. —	12	5
1 Den. l.	—	4	1	1 Den. l. —	4	2
½ Den. l.	—	2	—	Demi l. —	2	—

Fraction de 6. pris different au Marc

1 Marc l. 38	2	6	1 Marc l. 38	12	6
4 Onc. l. 19	1	3	4 Onc. l. 19	6	3
2 Onc. l. 9	10	7	2 Onc. l. 9	13	2
1 Onc. l. 4	15	3	1 Onc. l. 4	16	6
12 De. l. 2	7	7	12 De. l. 2	8	3
6 Den. l. 1	3	9	6 Den. l. 1	4	1
3 Den. l. —	11	10	3 Den. l. —	12	—
2 Den. l. —	7	11	2 Den. l. —	8	—
1 Den. l. —	3	11	1 Den. l. —	4	—
½ Den. l. —	1	11	½ Den. l. —	2	—
1 Marc l. 38	5	—	1 Marc l. 38	15	—
4 Onc. l. 19	2	6	4 Onc. l. 19	7	6
2 Onc. l. 9	11	3	2 Onc. l. 9	13	9
1 Onc. l. 4	15	7	1 Onc. l. 4	16	10
12 De. l. 2	7	9	12 De. l. 2	8	5
6 Den. l. 1	3	10	6 Den. l. 1	4	2
3 Den. l. —	11	11	3 Den. l. —	12	1
2 Den. l. —	7	11	2 Den. l. —	8	—
1 Den. l. —	3	11	1 Den. l. —	4	—
½ Den. l. —	1	11	½ Den. l. —	2	—
1 Marc l. 38	7	6	1 Marc l. 38	17	6
4 Onc. l. 19	3	9	4 Onc. l. 19	8	9
2 Onc. l. 9	11	10	2 Onc. l. 9	14	4
1 Onc. l. 4	15	11	1 Onc. l. 4	17	2
12 De. l. 2	7	11	12 De. l. 2	8	7
6 Den. l. 1	3	11	6 Den. l. 1	4	3
3 Den. l. —	11	11	3 Den. l. —	12	1
2 Den. l. —	3	11	1 Den. l. —	4	—
Demi. l. —	1	11	Demi. l. —	2	—

le Marc à l. 39. l'Once à l. 4. 17. 6. d.

300 Marc l. 11700	—	7 On. l. 34	2	6
200 Marc l. 7800	—	6 On. l. 29	5	—
100 Marc l. 3900	—	5 On. l. 24	7	6
90 Marc l. 3510	—	4 On. l. 19	10	—
80 Marc l. 3120	—	3 On. l. 14	12	6
70 Marc l. 2730	—	2 On. l. 9	15	—
60 Marc l. 2340	—	1 On. l. 4	17	6
50 Marc l. 1950	—	23 De. l. 4	13	4
40 Marc l. 1560	—	22 De. l. 4	9	3
30 Marc l. 1170	—	21 De. l. 4	5	3
20 Marc l. 780	—	20 De. l. 4	1	2
19 Marc l. 741	—	19 De. l. 3	17	2
18 Marc l. 702	—	18 De. l. 3	13	1
17 Marc l. 663	—	17 De. l. 3	9	—
16 Marc l. 624	—	16 De. l. 3	4	11
15 Marc l. 585	—	15 De. l. 3	—	11
14 Marc l. 546	—	14 De. l. 2	16	10
13 Marc l. 507	—	13 De. l. 2	12	7
12 Marc l. 468	—	12 De. l. 2	8	9
11 Marc l. 429	—	11 De. l. 2	4	7
10 Marc l. 390	—	10 De. l. 2	—	6
9 Marc l. 351	—	9 De. l. 1	16	6
8 Marc l. 312	—	8 De. l. 1	12	4
7 Marc l. 273	—	7 De. l. 1	8	4
6 Marc l. 234	—	6 De. l. 1	4	4
5 Marc l. 195	—	5 De. l. 1	—	4
4 Marc l. 156	—	4 De. l. —	16	2
3 Marc l. 117	—	3 De. l. —	12	2
2 Marc l. 78	—	1 De. l. —	4	—
1 Marc l. 39		Demi l. —	2	—

le Marc à l. 39. 10. l'Once à l. 4. 18. 9. d.

Marc	l.		Once/De.	l.	s.	d.
300 Marc	l. 11850	—	7 On.	l. 34	11	3
200 Marc	l. 7900	—	6 On.	l. 29	12	6
100 Marc	l. 3950	—	5 On.	l. 24	13	9
90 Marc	l. 3555	—	4 On.	l. 19	15	—
80 Marc	l. 3160	—	3 On.	l. 14	16	3
70 Marc	l. 2765	—	2 On.	l. 9	17	6
60 Marc	l. 2370	—	1 On.	l. 4	18	9
50 Marc	l. 1975	—	23 De.	l. 4	14	6
40 Marc	l. 1580	—	22 De.	l. 4	10	5
30 Marc	l. 1185	—	21 De.	l. 4	6	4
20 Marc	l. 790	—	20 De.	l. 4	2	2
19 Marc	l. 750	10	19 De.	l. 3	18	1
18 Marc	l. 711	—	18 De.	l. 3	14	—
17 Marc	l. 671	10	17 De.	l. 3	9	10
16 Marc	l. 632	—	16 De.	l. 3	5	9
15 Marc	l. 592	10	15 De.	l. 3	1	8
14 Marc	l. 553	—	14 De.	l. 2	17	6
13 Marc	l. 513	10	13 De.	l. 2	13	5
12 Marc	l. 474	—	12 De.	l. 2	9	4
11 Marc	l. 434	10	11 De.	l. 2	5	2
10 Marc	l. 395	—	10 De.	l. 2	1	1
9 Marc	l. 355	10	9 De.	l. 1	17	—
8 Marc	l. 316	—	8 De.	l. 1	12	10
7 Marc	l. 276	10	7 De.	l. 1	8	9
6 Marc	l. 237	—	6 De.	l. 1	4	8
5 Marc	l. 197	10	5 De.	l. 1	—	6
4 Marc	l. 158	—	4 De.	l. —	16	4
3 Marc	l. 118	10	3 De.	l. —	12	4
2 Marc	l. 79	—	1 De.	l. —	—	4
1 Marc	l. 39	10	Demi l.			2

le Marc à l.40. l'Once à l. 5.

300 Marc l.12000		7 On. l. 35	
200 Marc l.8000		6 On. l. 30	
100 Marc l.4000		5 On. l. 25	
90 Marc l.3600		4 On. l. 20	
80 Marc l.3200		3 On. l. 15	
70 Marc l.2800		2 On. l. 10	
60 Marc l.2400		1 On. l. 5	
50 Marc l.2000		23 De. l. 4	15 10
40 Marc l.1600		22 De. l. 4	11 8
30 Marc l.1200		21 De. l. 4	7 6
20 Marc l. 800		20 De. l. 4	3 4
19 Marc l. 760		19 De. l. 3	19 2
18 Marc l. 720		18 De. l. 3	15 —
17 Marc l. 680		17 De. l. 3	10 10
16 Marc l. 640		16 De. l. 3	6 8
15 Marc l. 600		15 De. l. 3	2 6
14 Marc l. 560		14 De. l. 2	18 4
13 Marc l. 520		13 De. l. 2	14 2
12 Marc l. 480		12 De. l. 2	10 —
11 Marc l. 440		11 De. l. 2	5 10
10 Marc l. 400		10 De. l. 2	1 8
9 Marc l. 360		9 De. l. 1	17 6
8 Marc l. 320		8 De. l. 1	13 4
7 Marc l. 280		7 De. l. 1	9 2
6 Marc l. 240		6 De. l. 1	5 —
5 Marc l. 200		5 De. l. 1	— 10
4 Marc l. 160		4 De. l. —	16 8
3 Marc l. 120		3 De. l. —	12 6
2 Marc l. 80		1 De. l. —	4 2
1 Marc l. 40		Demi l. —	2 1

le Marc à l. 40.10.		l'Once à l. 5. 1. 3. d.		
300 Marc l. 12150	—	7 On. l. 35	8	9
200 Marc l. 8100	—	6 On. l. 30	7	6
100 Marc l. 4050	—	5 On. l. 25	6	3
90 Marc l. 3645	—	4 On. l. 20	5	—
80 Marc l. 3240	—	3 On. l. 15	3	9
70 Marc l. 2835	—	2 On. l. 10	2	6
60 Marc l. 2430	—	1 On. l. 5	1	3
50 Marc l. 2025	—	23 De. l. 4	16	10
40 Marc l. 1620	—	22 De. l. 4	12	7
30 Marc l. 1215	—	21 De. l. 4	8	5
20 Marc l. 810	—	20 De. l. 4	4	3
19 Marc l. 769	10	19 De. l. 4	—	—
18 Marc l. 729	—	18 De. l. 3	15	10
17 Marc l. 688	10	17 De. l. 3	11	7
16 Marc l. 648	—	16 De. l. 3	7	4
15 Marc l. 607	10	15 De. l. 3	3	2
14 Marc l. 567	—	14 De. l. 2	19	—
13 Marc l. 526	10	13 De. l. 2	14	9
12 Marc l. 486	—	12 De. l. 2	10	7
11 Marc l. 445	10	11 De. l. 2	6	3
10 Marc l. 405	—	10 De. l. 2	2	—
9 Marc l. 364	10	9 De. l. 1	17	10
8 Marc l. 324	—	8 De. l. 1	13	8
7 Marc l. 283	10	7 De. l. 1	9	5
6 Marc l. 243	—	6 De. l. 1	5	3
5 Marc l. 202	10	5 De. l. 1	1	—
4 Marc l. 162	—	4 De. l. —	16	10
3 Marc l. 121	10	3 De. l. —	12	7
2 Marc l. 81	—	1 De. l. —	4	2
1 Marc l. 40	10	Demi l. —	2	1

Fraction de 6. pris differens au Marc.

1 Marc l.	40	2	6	1 Marc l.	40	12	6
4 Onc. l.	20	1	3	4 Onc. l.	20	6	3
2 Onc. l.	10	—	7	2 Onc. l.	10	3	1
1 Onc. l.	5	—	3	1 Onc. l.	5	1	6
12 De. l.	2	10	1	12 De. l.	2	10	9
6 Den. l.	1	5	—	6 Den. l.	1	5	4
3 Den. l.	—	12	6	3 Den. l.	—	12	8
2 Den. l.	—	8	4	2 Den. l.	—	8	5
1 Den. l.	—	4	2	1 Den. l.	—	4	2
½ Den. l.	—	2	1	½ Den. l.	—	2	1
1 Marc l.	40	5	—	1 Marc l.	40	15	—
4 Onc. l.	20	2	6	4 Onc. l.	20	7	6
2 Onc. l.	10	1	3	2 Onc. l.	10	3	9
1 Onc. l.	5	—	7	1 Onc. l.	5	1	10
12 De. l.	2	10	3	12 De. l.	2	10	11
6 Den. l.	1	5	1	6 Den. l.	1	5	5
3 Den. l.	—	12	6	3 Den. l.	—	12	8
2 Den. l.	—	8	4	2 Den. l.	—	8	5
1 Den. l.	—	4	2	1 Den. l.	—	4	2
½ Den. l.	—	2	1	½ Den. l.	—	2	1
1 Marc l.	40	7	6	1 Marc l.	40	17	6
4 Onc. l.	20	3	9	4 Onc. l.	20	8	9
2 Onc. l.	10	1	10	2 Onc. l.	10	4	4
1 Onc. l.	5	—	11	1 Onc. l.	5	2	2
12 De. l.	2	10	5	12 De. l.	2	11	1
6 Den. l.	1	5	2	6 Den. l.	1	5	6
3 Den. l.	—	12	7	3 Den. l.	—	12	9
1 Den. l.	—	4	2	1 Den. l.	—	4	3
½ Den. l.	—	2	1	½ De. l.	—	2	1

Fraction de 6. pris différens au Marc.

1 Marc l.	41	12	6	1 Marc l.	41	12	6
4 Onc. l.	20	11	3	4 Onc. l.	20	16	3
2 Onc. l.	10	5	7	2 Onc. l.	10	8	1
1 Onc. l.	5	2	9	1 Onc. l.	5	4	—
12 De. l.	2	11	4	12 Den. l.	2	12	—
6 Den. l.	1	5	8	6 Den. l.	1	6	—
3 Den. l.	—	12	10	3 Den. l.	—	13	—
2 Den. l.	—	8	6	2 Den. l.	—	8	8
1 Den. l.	—	4	3	1 Den. l.	—	4	4
½ Den. l.	—	2	1	½ Den. l.	—	2	2
1 Marc l.	41	5	—	1 Marc l.	41	15	—
4 Onc. l.	20	12	6	4 Onc. l.	20	17	6
2 Onc. l.	10	6	3	2 Onc. l.	10	8	9
1 Onc. l.	5	3	1	1 Onc. l.	5	4	4
12 De. l.	2	11	6	12 De. l.	2	12	2
6 Den. l.	1	5	9	6 Den. l.	1	6	1
3 Den. l.	—	12	10	3 Den. l.	—	13	—
2 Den. l.	—	8	7	2 Den. l.	—	8	8
1 Den. l.	—	4	3	1 Den. l.	—	4	4
½ Den. l.	—	2	1	½ Den. l.	—	2	2
1 Marc l.	41	7	6	1 Marc l.	41	17	6
4 Onc. l.	20	13	9	4 Onc. l.	20	18	9
2 Onc. l.	10	6	10	2 Onc. l.	10	9	4
1 Onc. l.	5	3	5	1 Onc. l.	5	4	8
12 Den. l.	2	11	8	12 De. l.	2	12	4
6 Den. l.	1	5	10	6 Den. l.	1	6	2
3 Den. l.	—	12	11	3 Den. l.	—	13	1
1 Den. l.	—	4	3	1 Den. l.	—	4	4
Demi l.	—	2	1½	½ De. l.	—	2	2

le Marc à l. 41. l'Once à l. 2. 6. d.

Marcs	l.		Onces/Deniers	l.	s.	d.
300 Marc	l. 12300	—	7 On.	l. 35	17	6
200 Marc	l. 8200	—	6 On.	l. 30	15	—
100 Marc	l. 4100	—	5 On.	l. 25	12	6
90 Marc	l. 3690	—	4 On.	l. 20	10	—
80 Marc	l. 3280	—	3 On.	l. 15	7	6
70 Marc	l. 2870	—	2 On.	l. 10	5	—
60 Marc	l. 2460	—	1 On.	l. 5	2	6
50 Marc	l. 2050	—	23 De.	l. 4	18	1
40 Marc	l. 1640	—	22 De.	l. 4	13	10
30 Marc	l. 1230	—	21 De.	l. 4	9	7
20 Marc	l. 820	—	20 De.	l. 4	5	4
19 Marc	l. 779	—	19 De.	l. 4	1	1
18 Marc	l. 738	—	18 De.	l. 3	16	10
17 Marc	l. 697	—	17 De.	l. 3	12	6
16 Marc	l. 656	—	16 De.	l. 3	8	3
15 Marc	l. 615	—	15 De.	l. 3	4	—
14 Marc	l. 574	—	14 De.	l. 2	19	9
13 Marc	l. 533	—	13 De.	l. 2	15	6
12 Marc	l. 492	—	12 De.	l. 2	11	3
11 Marc	l. 451	—	11 De.	l. 2	6	10
10 Marc	l. 410	—	10 De.	l. 2	2	7
9 Marc	l. 369	—	9 De.	l. 1	18	4
8 Marc	l. 328	—	8 De.	l. 1	14	—
7 Marc	l. 287	—	7 De.	l. 1	9	10
6 Marc	l. 246	—	6 De.	l. 1	5	7
5 Marc	l. 205	—	5 De.	l. 1	1	3
4 Marc	l. 164	—	4 De.	l. —	17	—
3 Marc	l. 123	—	3 De.	l. —	12	9
2 Marc	l. 82	—	1 De.	l. —	4	3
1 Marc	l. 41	—	Demi l.	—	2	1

le Marc à l. 41. 10.   l'Once à l. 5. 3. 9. d.

300 Marc	l. 12450	—		7 On.	l. 36	6	3
200 Marc	l. 8300	—		6 On.	l. 31	2	6
100 Marc	l. 4150	—		5 On.	l. 25	18	9
90 Marc	l. 3735	—		4 On.	l. 20	15	—
80 Marc	l. 3320	—		3 On.	l. 15	11	3
70 Marc	l. 2905	—		2 On.	l. 10	7	6
60 Marc	l. 2490	—		1 On.	l. 5	3	9
50 Marc	l. 2075	—		23 De.	l. 4	19	3
40 Marc	l. 1660	—		22 De.	l. 4	14	11
30 Marc	l. 1245	—		21 De.	l. 4	10	8
20 Marc	l. 830	—		20 De.	l. 4	6	4
19 Marc	l. 788	10		19 De.	l. 4	2	—
18 Marc	l. 747	—		18 De.	l. 3	17	9
17 Marc	l. 705	10		17 De.	l. 3	13	4
16 Marc	l. 664	—		16 De.	l. 3	9	—
15 Marc	l. 622	10		15 De.	l. 3	4	9
14 Marc	l. 581	—		14 De.	l. 3	—	5
13 Marc	l. 539	10		13 De.	l. 2	16	1
12 Marc	l. 498	—		12 De.	l. 2	11	10
11 Marc	l. 456	10		11 De.	l. 2	7	5
10 Marc	l. 415	—		10 De.	l. 2	3	1
9 Marc	l. 373	10		9 De.	l. 1	18	10
8 Marc	l. 332	—		8 De.	l. 1	14	6
7 Marc	l. 290	10		7 De.	l. 1	10	2
6 Marc	l. 249	—		6 De.	l. 1	5	10
5 Marc	l. 207	10		5 De.	l. 1	1	6
4 Marc	l. 166	—		4 De.	l. —	17	2
3 Marc	l. 124	10		3 De.	l. —	12	11
2 Marc	l. 83	—		1 De.	l. —	4	3
1 Marc	l. 41	10		Demi	l. —	2	1

le Marc à l. 42. l'Once à l. 5. 5.

300 Marc l. 11600 —	7 On. l. 36	15		
200 Marc l. 8400 —	6 On. l. 31	10		
100 Marc l. 4200 —	5 On. l. 26	5		
90 Marc l. 3780 —	4 On. l. 21	—		
80 Marc l. 3360 —	3 On. l. 15	15		
70 Marc l. 2940 —	2 On. l. 10	10		
60 Marc l. 2520 —	1 On. l. 5	5		
50 Marc l. 2100 —	23 De. l. 5	—	7
40 Marc l. 1680 —	22 De. l. 4	16	2
30 Marc l. 1260 —	21 De. l. 4	11	10
20 Marc l. 840 —	20 De. l. 4	7	6
19 Marc l. 798 —	19 De. l. 4	3	1
18 Marc l. 756 —	18 De. l. 3	18	9
17 Marc l. 714 —	17 De. l. 3	14	4
16 Marc l. 672 —	16 De. l. 3	10	1
15 Marc l. 630 —	15 De. l. 3	5	7
14 Marc l. 588 —	14 De. l. 3	1	
13 Marc l. 546 —	13 De. l. 2	16	10
12 Marc l. 504 —	12 De. l. 2	12	6
11 Marc l. 462 —	11 De. l. 2	8	1
10 Marc l. 420 —	10 De. l. 2	3	8
9 Marc l. 378 —	9 De. l. 1	19	4
8 Marc l. 336 —	8 De. l. 1	15	
7 Marc l. 294 —	7 De. l. 1	10	7
6 Marc l. 252 —	6 De. l. 1	6	3
5 Marc l. 210 —	5 De. l. 1	1	10
4 Marc l. 168 —	4 De. l. —	17	6
3 Marc l. 126 —	3 De. l. —	13	1
2 Marc l. 84 —	1 De. l. —	4	4
1 Marc l. 42 —	Demi l. —	2	2

le Marc à l. 42. 10. l'Once à l. 5. 6. 3. d.

300 Marc l. 12750	—	7 On. l. 37	3	9
200 Marc l. 8500	—	6 On. l. 31	17	6
100 Marc l. 4250	—	5 On. l. 26	11	3
90 Marc l. 3825	—	4 On. l. 21	5	—
80 Marc l. 3400	—	3 On. l. 15	18	9
70 Marc l. 2975	—	2 On. l. 10	12	6
60 Marc l. 2550	—	1 On. l. 5	6	3
50 Marc l. 2125	—	23 De. l. 5	1	8
40 Marc l. 1700	—	22 De. l. 4	17	3
30 Marc l. 1275	—	21 De. l. 4	12	10
20 Marc l. 850	—	20 De. l. 4	8	5
19 Marc l. 807	10	19 De. l. 4	4	—
18 Marc l. 765	—	18 De. l. 3	19	7
17 Marc l. 722	10	17 De. l. 3	15	2
16 Marc l. 680	—	16 De. l. 3	10	9
15 Marc l. 637	10	15 De. l. 3	6	4
14 Marc l. 595	—	14 De. l. 3	1	11
13 Marc l. 552	10	13 De. l. 2	17	6
12 Marc l. 510	—	12 De. l. 2	13	1
11 Marc l. 467	10	11 De. l. 2	8	7
10 Marc l. 425	—	10 De. l. 2	4	2
9 Marc l. 382	10	9 De. l. 1	19	9
8 Marc l. 340	—	8 De. l. 1	15	4
7 Marc l. 297	10	7 De. l. 1	10	11
6 Marc l. 255	—	6 De. l. 1	6	6
5 Marc l. 212	10	5 De. l. 1	2	1
4 Marc l. 170	—	4 De. l. —	17	8
3 Marc l. 127	10	3 De. l. —	13	3
2 Marc l. 85	—	1 De. l. —	4	5
1 Marc l. 42	10	Demi l. —	2	10

Fraction de 6. pris différent au Marc							
1 Marc l.	42	2	6	1 Marc l.	42	12	6
4 Onc. l.	21	1	3	4 Onc. l.	21	6	3
2 Onc. l.	10	10	7	2 Onc. l.	10	13	1
1 Onc. l.	5	5	3	1 Onc. l.	5	6	6
12 De. l.	2	12	7	12 Den. l.	2	13	3
6 Den. l.	1	6	3	6 Den. l.	1	6	7
3 Den. l.	—	13	1	3 Den. l. —		13	3
2 Den. l.	—	8	9	2 Den. l. —		8	10
1 Den. l.	—	4	4	1 Den. l. —		4	5
½ Den. l.	—	2	2	½ Den. l. —		2	2
1 Marc l.	42	5		1 Marc l.	42	15	
4 Onc. l.	21	2	6	4 Onc. l.	21	7	6
2 Onc. l.	10	11	3	2 Onc. l.	10	13	9
1 Onc. l.	5	5	7	1 Onc. l.	5	6	10
12 De. l.	2	12	9	12 De. l.	2	13	5
6 Den. l.	1	6	4	6 Den. l.	1	6	8
3 Den. l.	—	13	2	3 Den. l. —		13	4
2 Den. l.	—	8	9	2 Den. l. —		8	10
1 Den. l.	—	4	4	1 Den. l. —		4	5
½ Den. l.	—	2	2	½ Den. l. —		2	2
1 Marc l.	42	7	6	1 Marc l.	42	17	6
4 Onc. l.	21	3	9	4 Onc. l.	21	8	9
2 Onc. l.	10	11	10	2 Onc. l.	10	14	4
1 Onc. l.	5	5	11	1 Onc. l.	5	7	2
12 De. l.	2	12	11	12 De. l.	2	13	7
6 Den. l.	1	6	5	6 Den. l.	1	6	9
3 Den. l.	—	13	2	3 Den. l. —		13	4
1 Den. l.	—	4	4	1 Den. l. —		4	5
½ Den. l.	—	2	2	Demi l. —		2	2

Fraction de G. pris different au Marc

1 Marc l.	43	2	6	1 Marc l. 43	12	6
4 Onc. l.	21	11	3	4 Onc. l. 41	16	3
2 Onc. l.	10	15	7	2 Onc. l. 10	18	1
1 Onc. l.	5	7	9	1 Onc. l. 5	9	—
12 De. l.	2	13	10	12 De. l. 2	14	6
6 Den. l.	1	6	11	6 Den. l. 1	7	3
3 Den. l.	—	13	5	3 Den. l. —	13	7
2 Den. l.	—	8	11	2 Den. l. —	9	1
1 Den. l.	—	4	5	1 Den. l. —	4	6
½ Den. l.	—	2	2	½ Den. l. —	2	3
1 Marc l.	43	5	—	1 Marc l. 43	15	—
4 Onc. l.	21	12	6	4 Onc. l. 21	17	6
2 Onc. l.	10	16	3	2 Onc. l. 10	18	9
1 Onc. l.	5	8	1	1 Onc. l. 5	9	4
12 De. l.	2	14	—	12 De. l. 2	14	8
6 Den. l.	1	7	—	6 Den. l. 1	7	4
3 Den. l.	—	13	6	3 Den. l. —	13	8
2 Den. l.	—	9	—	2 Den. l. —	9	1
1 Den. l.	—	4	6	1 Den. l. —	4	6
½ Den. l.	—	2	3	½ Den. l. —	2	3
1 Marc l.	43	7	6	1 Marc l. 43	17	6
4 Onc. l.	21	13	9	4 Onc. l. 21	18	9
2 Onc. l.	10	16	10	2 Onc. l. 10	19	4
1 Onc. l.	5	8	5	1 Onc. l. 5	9	8
12 De. l.	2	14	2	12 De. l. 2	14	10
6 Den. l.	1	7	1	6 Den. l. 1	7	5
3 Den. l.	—	13	6	3 Den. l. —	13	8
1 Den. l.	—	4	6	1 Den. l. —	4	6
Demi l.	—	2	3	Demi l. —	2	3

le Marc à l. 43. l'Once à l. 5. 7. 6. d.

300 Marc	l.	12900	—		7 On.	l. 37	12	6
200 Marc	l.	8600	—		6 On.	l. 32	5	—
100 Marc	l.	4300	—		5 On.	l. 26	17	6
90 Marc	l.	3870	—		4 On.	l. 21	10	—
80 Marc	l.	3440	—		3 On.	l. 16	2	6
70 Marc	l.	3010	—		2 On.	l. 10	15	—
60 Marc	l.	2580	—		1 On.	l. 5	7	6
50 Marc	l.	2150	—		23 De.	l. 5	2	11
40 Marc	l.	1720	—		22 De.	l. 4	18	5
30 Marc	l.	1290	—		21 De.	l. 4	14	—
20 Marc	l.	860	—		20 De.	l. 4	9	6
19 Marc	l.	817	—		19 De.	l. 4	5	—
18 Marc	l.	774	—		18 De.	l. 4	—	7
17 Marc	l.	731	—		17 De.	l. 3	16	1
16 Marc	l.	688	—		16 De.	l. 3	11	7
15 Marc	l.	645	—		15 De.	l. 3	7	2
14 Marc	l.	602	—		14 De.	l. 3	2	8
13 Marc	l.	559	—		13 De.	l. 2	18	2
12 Marc	l.	516	—		12 De.	l. 2	13	9
11 Marc	l.	473	—		11 De.	l. 2	9	3
10 Marc	l.	430	—		10 De.	l. 2	4	8
9 Marc	l.	387	—		9 De.	l. 2	—	3
8 Marc	l.	344	—		8 De.	l. 1	15	9
7 Marc	l.	301	—		7 De.	l. 1	11	3
6 Marc	l.	258	—		6 De.	l. 1	6	10
5 Marc	l.	215	—		5 De.	l. 1	2	4
4 Marc	l.	172	—		4 De.	l. —	17	10
3 Marc	l.	129	—		3 De.	l. —	13	5
2 Marc	l.	86	—		1 De.	l. —	4	5
1 Marc	l.	43	—		Demi	l. —	2	2

le Marc à l. 43. 10. l'Once à l. 5. 8. 9. d.

Marc	l.		On./De.	l.	s.	d.
300 Marc	l. 13050	—	7 On.	l. 38	1	3
200 Marc	l. 8700	—	6 On.	l. 32	12	6
100 Marc	l. 4350	—	5 On.	l. 27	3	9
90 Marc	l. 3915	—	4 On.	l. 21	15	—
80 Marc	l. 3480	—	3 On.	l. 16	6	3
70 Marc	l. 3045	—	2 On.	l. 10	17	6
60 Marc	l. 2610	—	1 On.	l. 5	8	9
50 Marc	l. 2175	—	23 De.	l. 5	4	1
40 Marc	l. 1740	—	22 De.	l. 4	19	6
30 Marc	l. 1305	—	21 De.	l. 4	15	—
20 Marc	l. 870	—	20 De.	l. 4	10	6
19 Marc	l. 826	10	19 De.	l. 4	6	—
18 Marc	l. 783	—	18 De.	l. 4	1	6
17 Marc	l. 739	10	17 De.	l. 3	16	11
16 Marc	l. 696	—	16 De.	l. 3	12	5
15 Marc	l. 652	10	15 De.	l. 3	7	11
14 Marc	l. 609	—	14 De.	l. 3	3	4
13 Marc	l. 565	10	13 De.	l. 2	18	10
12 Marc	l. 522	—	12 De.	l. 2	14	4
11 Marc	l. 478	10	11 De.	l. 2	9	9
10 Marc	l. 435	—	10 De.	l. 2	5	3
9 Marc	l. 391	10	9 De.	l. 2	—	9
8 Marc	l. 348	—	8 De.	l. 1	16	2
7 Marc	l. 304	10	7 De.	l. 1	11	8
6 Marc	l. 261	—	6 De.	l. 1	7	2
5 Marc	l. 217	10	5 De.	l. 1	2	7
4 Marc	l. 174	—	4 De.	l.	18	—
3 Marc	l. 130	10	3 De.	l.	13	7
2 Marc	l. 87	—	1 De.	l.	4	6
1 Marc	l. 43	10	Demi	l.	2	3

le Marc à l.44. l'Once à l.5.10.

300 Marc	l.13200	—	7 On.	l.38	10	—
200 Marc	l.8800	—	6 On.	l.33	—	—
100 Marc	l.4400	—	5 On.	l.27	10	—
90 Marc	l.3960	—	4 On.	l.22	—	—
80 Marc	l.3520	—	3 On.	l.16	10	—
70 Marc	l.3080	—	2 On.	l.11	—	—
60 Marc	l.2640	—	1 On.	l.5	10	—
50 Marc	l.2200	—	23 De.l.	5	5	5
40 Marc	l.1760	—	22 De.l.	5	—	10
30 Marc	l.1320	—	21 De.l.	4	16	3
20 Marc	l.880	—	20 De.l.	4	11	8
19 Marc	l.836	—	19 De.l.	4	7	1
18 Marc	l.792	—	18 De.l.	4	2	6
17 Marc	l.748	—	17 De.l.	3	17	11
16 Marc	l.704	—	16 De.l.	3	13	4
15 Marc	l.660	—	15 De.l.	3	8	9
14 Marc	l.616	—	14 De.l.	3	4	2
13 Marc	l.572	—	13 De.l.	2	19	7
12 Marc	l.528	—	12 De.l.	2	15	—
11 Marc	l.484	—	11 De.l.	2	10	5
10 Marc	l.440	—	10 De.l.	2	5	10
9 Marc	l.396	—	9 De.l.	2	1	3
8 Marc	l.352	—	8 De.l.	1	16	8
7 Marc	l.308	—	7 De.l.	1	12	1
6 Marc	l.264	—	6 De.l.	1	7	6
5 Marc	l.220	—	5 De.l.	1	2	11
4 Marc	l.176	—	4 De.l.	—	18	4
3 Marc	l.132	—	3 De.l.	—	13	9
2 Marc	l.88	—	1 De.l.	—	4	7
1 Marc	l.44	—	Demi l.	—	2	3

Marc à l. 44.10, l'Onc. à l. 5.11.3.d.

Marc l.	13350	—	7 On. l.	38	18	9
200 Marc l.	8900	—	6 On. l.	33	7	6
100 Marc l.	4450	—	5 On. l.	27	16	3
90 Marc l.	4005	—	4 On. l.	22	5	—
80 Marc l.	3560	—	3 On. l.	16	13	9
70 Marc l.	3115	—	2 On. l.	11	2	6
60 Marc l.	2670	—	1 On. l.	5	11	3
50 Marc l.	2225	—	23 De. l.	5	6	5
40 Marc l.	1780	—	22 De. l.	5	1	9
30 Marc l.	1335	—	21 De. l.	4	17	2
20 Marc l.	890	—	20 De. l.	4	12	7
19 Marc l.	845	10	19 De. l.	4	7	11
18 Marc l.	801	—	18 De. l.	4	3	4
17 Marc l.	756	10	17 De. l.	3	18	8
16 Marc l.	712	—	16 De. l.	3	14	—
15 Marc l.	667	10	15 De. l.	3	9	5
14 Marc l.	623	—	14 De. l.	3	4	10
13 Marc l.	578	10	13 De. l.	3	—	2
12 Marc l.	534	—	12 De. l.	2	15	7
11 Marc l.	489	10	11 De. l.	2	10	10
10 Marc l.	445	—	10 De. l.	2	6	2
9 Marc l.	400	10	9 De. l.	2	1	7
8 Marc l.	356	—	8 De. l.	1	17	—
7 Marc l.	311	10	7 De. l.	1	12	4
6 Marc l.	267	—	6 De. l.	1	7	9
5 Marc l.	222	10	5 De. l.	1	3	1
4 Marc l.	178	—	4 De. l.	—	18	6
3 Marc l.	133	10	3 De. l.	—	13	10
2 Marc l.	89	—	1 De. l.	—	4	7
1 Marc l.	44	10	Demi l.	—	2	3

Fraction de 6. pris differens au Marc.

1 Marc l. 44	2	6	1 Marc l. 44	12	6
4 Onc. l. 22	1	3	4 Onc. l. 22	6	3
2 Onc. l. 11	—	7	2 Onc. l. 11	3	1
1 Onc. l. 5	10	3	1 Onc. l. 5	11	6
12 De. l. 2	15	1	12 De. l. 2	15	9
6 Den. l. 1	7	6	6 Den. l. 1	7	10
3 Den. l. —	13	9	3 Den. l. —	13	11
2 Den. l. —	9	2	2 Den. l. —	9	3
1 Den. l. —	4	7	1 Den. l. —	4	7
½ Den. l. —	2	3	½ Den. l. —	2	3
1 Marc l. 44	5	—	1 Marc l. 44	15	—
4 Onc. l. 22	2	6	4 Onc. l. 22	7	6
2 Onc. l. 11	1	3	2 Onc. l. 11	3	9
1 Onc. l. 5	10	7	1 Onc. l. 5	11	10
12 De. l. 2	15	3	12 De. l. 2	15	11
6 Den. l. 1	7	7	6 Den. l. 1	7	11
3 Den. l. —	13	9	3 Den. l. —	13	11
2 Den. l. —	9	2	2 Den. l. —	9	3
1 Den. l. —	4	7	1 Den. l. —	4	7
½ Den. l. —	2	3	½ Den. l. —	2	3
1 Marc l. 44	7	6	1 Marc l. 44	17	6
4 Onc. l. 22	3	9	4 Onc. l. 22	8	9
2 Onc. l. 11	1	10	2 Onc. l. 11	4	4
1 Onc. l. 5	10	11	1 Onc. l. 5	12	2
12 De. l. 2	15	5	12 De. l. 2	16	1
6 Den. l. 1	7	8	6 Den. l. 1	8	—
3 Den. l. —	13	10	3 Den. l. —	14	—
1 Den. l. —	4	7	1 Den. l. —	4	8
Demi l. —	2	3	½ De. l. —	2	4

Fraction de 6. prix différent au Marc.

1 Marc l. 45	2	6	1 Marc l. 45	12	6
4 Onc. l. 22	11	3	4 Onc. l. 22	16	3
2 Onc. l. 11	5	7	2 Onc. l. 11	8	1
1 Onc. l. 5	12	9	1 Onc. l. 5	14	—
12 De. l. 2	16	4	12 Den. l. 2	17	—
6 Den. l. 1	8	2	6 Den. l. 1	8	6
3 Den. l. —	14	1	3 Den. l. —	14	3
2 Den. l. —	9	4	2 Den. l. —	9	6
1 Den. l. —	4	8	1 Den. l. —	4	9
½ Den. l. —	2	4	½ Den. l. —	2	4
1 Marc l. 45	5	—	1 Marc l. 45	15	—
4 Onc. l. 22	12	6	4 Onc. l. 22	17	6
2 Onc. l. 11	6	3	2 Onc. l. 11	8	9
1 Onc. l. 5	13	1	1 Onc. l. 5	14	4
12 De. l. 2	16	6	12 De. l. 2	17	2
6 Den. l. 1	8	3	6 Den. l. 1	8	7
3 Den. l. —	14	1	3 Den. l. —	14	3
2 Den. l. —	9	5	2 Den. l. —	9	6
1 Den. l. —	4	8	1 Den. l. —	4	9
½ Den. l. —	2	4	½ Den. l. —	2	4
1 Marc l. 45	7	6	1 Marc l. 45	17	6
4 Onc. l. 22	13	9	4 Onc. l. 22	18	9
2 Onc. l. 11	6	10	2 Onc. l. 11	9	4
1 Onc. l. 5	13	5	1 Onc. l. 5	14	8
12 Den. l. 2	16	8	12 De. l. 2	17	4
6 Den. l. 1	8	4	6 Den. l. 1	8	8
3 Den. l. —	14	2	3 Den. l. —	14	4
1 Den. l. —	4	8	1 Den. l. —	4	9
Demi l. —	2	4	½ De. l. —	2	4

le Marc à l. 45. l'Once à l. 5. 12. 6. d.

300 Marc	l. 13500		7 On.	l. 39	7	6
200 Marc	l. 9000		6 On.	l. 33	15	—
100 Marc	l. 4500		5 On.	l. 28	2	6
90 Marc	l. 4050		4 On.	l. 22	10	—
80 Marc	l. 3600		3 On.	l. 16	17	6
70 Marc	l. 3150		2 On.	l. 11	5	—
60 Marc	l. 2700		1 On.	l. 5	12	6
50 Marc	l. 2250		23 De.	l. 5	7	8
40 Marc	l. 1800		22 De.	l. 5	3	—
30 Marc	l. 1350		21 De.	l. 4	18	4
20 Marc	l. 900		20 De.	l. 4	13	8
19 Marc	l. 855		19 De.	l. 4	9	—
18 Marc	l. 810		18 De.	l. 4	4	4
17 Marc	l. 765		17 De.	l. 3	19	7
16 Marc	l. 720		16 De.	l. 3	14	11
15 Marc	l. 675		15 De.	l. 3	10	3
14 Marc	l. 630		14 De.	l. 3	5	7
13 Marc	l. 585		13 De.	l. 3	—	11
12 Marc	l. 540		12 De.	l. 2	16	3
11 Marc	l. 495		11 De.	l. 2	11	5
10 Marc	l. 450		10 De.	l. 2	6	9
9 Marc	l. 405		9 De.	l. 2	2	1
8 Marc	l. 360		8 De.	l. 1	17	5
7 Marc	l. 315		7 De.	l. 1	12	9
6 Marc	l. 270		6 De.	l. 1	8	1
5 Marc	l. 225		5 De.	l. 1	3	4
4 Marc	l. 180		4 De.	l. —	18	8
3 Marc	l. 135		3 De.	l. —	14	—
2 Marc	l. 90		1 De.	l. —	4	8
1 Marc	l. 45		Demi l.		2	4

le Marc à l. 45. 10. l'Onc. à l. 5. 13. 9. d.

300 Marc	l.	13650	—	7 On.	l.	39 16	3
200 Marc	l.	9100	—	6 On.	l.	34 2	6
100 Marc	l.	4550	—	5 On.	l.	28 18	9
90 Marc	l.	4095	—	4 On.	l.	22 15	—
80 Marc	l.	3640	—	3 On.	l.	17 1	3
70 Marc	l.	3185	—	2 On.	l.	11 7	6
60 Marc	l.	2730	—	1 On.	l.	5 13	9
50 Marc	l.	2275	—	23 De. l.		5 8	10
40 Marc	l.	1820	—	22 De. l.		5 4	—
30 Marc	l.	1365	—	21 De. l.		4 19	5
20 Marc	l.	910	—	20 De. l.		4 14	8
19 Marc	l.	864	10	19 De. l.		4 9	11
18 Marc	l.	819	—	18 De. l.		4 —	8
17 Marc	l.	773	10	17 De. l.		4 —	5
16 Marc	l.	728	—	16 De. l.		3 15	8
15 Marc	l.	682	10	15 De. l.		3 11	—
14 Marc	l.	637	—	14 De. l.		3 6	3
13 Marc	l.	591	10	13 De. l.		3 1	6
12 Marc	l.	546	—	12 De. l.		2 16	10
11 Marc	l.	500	10	11 De. l.		2 12	—
10 Marc	l.	455	—	10 De. l.		2 7	4
9 Marc	l.	409	10	9 De. l.		2 2	7
8 Marc	l.	364	—	8 De. l.		1 17	10
7 Marc	l.	318	10	7 De. l.		1 13	1
6 Marc	l.	273	—	6 De. l.		1 8	5
5 Marc	l.	227	10	5 De. l.		1 3	7
4 Marc	l.	182	—	4 De. l.		— 18	11
3 Marc	l.	136	10	3 De. l.		— 14	2
2 Marc	l.	91	—	1 De. l.		— 9	8
1 Marc	l.	45	10	Demi l.		— 2	4

le Marc à l. 46.   l'Once à l. 5. 15.

300 Marc l. 13800	—		7 On. l. 40	5	
200 Marc l. 9200	—		6 On. l. 34	10	
100 Marc l. 4600	—		5 On. l. 28	15	
90 Marc l. 4140	—		4 On. l. 23	—	
80 Marc l. 3680	—		3 On. l. 17	5	
70 Marc l. 3220	—		2 On. l. 11	10	
60 Marc l. 2760	—		1 On. l. 5	15	
50 Marc l. 2300	—		23 De. l. 5	10	2
40 Marc l. 1840	—		22 De. l. 5	5	4
30 Marc l. 1380	—		21 De. l. 5	—	7
20 Marc l. 920	—		20 De. l. 4	15	10
19 Marc l. 874	—		19 De. l. 4	11	—
18 Marc l. 828	—		18 De. l. 4	6	3
17 Marc l. 782	—		17 De. l. 4	1	5
16 Marc l. 736	—		16 De. l. 3	16	8
15 Marc l. 690	—		15 De. l. 3	11	10
14 Marc l. 644	—		14 De. l. 3	7	1
13 Marc l. 598	—		13 De. l. 3	2	3
12 Marc l. 552	—		12 De. l. 2	17	6
11 Marc l. 506	—		11 De. l. 2	12	8
10 Marc l. 460	—		10 De. l. 2	7	10
9 Marc l. 414	—		9 De. l. 2	3	1
8 Marc l. 368	—		8 De. l. 1	18	4
7 Marc l. 322	—		7 De. l. 1	13	6
6 Marc l. 276	—		6 De. l. 1	8	9
5 Marc l. 230	—		5 De. l. 1	3	11
4 Marc l. 184	—		4 De. l. —	19	2
3 Marc l. 138	—		3 De. l. —	14	4
2 Marc l. 92	—		1 De. l. —	4	9
1 Marc l. 46	—		Demi l. —	2	4

le Marc à l. 46. 10. l'Once à l. 5. 16. 3. d.

300 Marc	l. 13950	—		7 On.	l. 40	13	9
200 Marc	l. 9300	—		6 On.	l. 34	17	6
100 Marc	l. 4650	—		5 On.	l. 29	1	3
90 Marc	l. 4185	—		4 On.	l. 23	5	—
80 Marc	l. 3720	—		3 On.	l. 17	8	9
70 Marc	l. 3255	—		2 On.	l. 11	12	6
60 Marc	l. 2790	—		1 On.	l. 5	16	3
50 Marc	l. 2325	—		23 De.	l. 5	11	
40 Marc	l. 1860	—		22 De.	l. 5	6	5
30 Marc	l. 1395	—		21 De.	l. 5	1	7
20 Marc	l. 930	—		20 De.	l. 4	16	9
19 Marc	l. 883	10		19 De.	l. 4	11	
18 Marc	l. 837	—		18 De.	l. 4	7	1
17 Marc	l. 790	10		17 De.	l. 4	2	3
16 Marc	l. 744	—		16 De.	l. 3	17	5
15 Marc	l. 697	10		15 De.	l. 3	12	7
14 Marc	l. 651	—		14 De.	l. 3	7	9
13 Marc	l. 604	10		13 De.	l. 3	2	11
12 Marc	l. 558	—		12 De.	l. 2	18	1
11 Marc	l. 511	10		11 De.	l. 2	13	2
10 Marc	l. 465	—		10 De.	l. 2	8	4
9 Marc	l. 418	10		9 De.	l. 2	3	6
8 Marc	l. 372	—		8 De.	l. 1	18	8
7 Marc	l. 325	10		7 De.	l. 1	13	10
6 Marc	l. 279	—		6 De.	l. 1	9	
5 Marc	l. 232	10		5 De.	l. 1	4	2
4 Marc	l. 186	—		4 De.	l. —	19	4
3 Marc	l. 139	10		3 De.	l. —	14	6
2 Marc	l. 93	—		1 De.	l. —	4	10
1 Marc	l. 46	10		Demi l.			

Fraction de 6. pris différent au Marc.

1 Marc l.	46	2	6	1 Marc l.	46	12	6
4 Onc. l.	23	1	3	4 Onc. l.	23	6	3
2 Onc. l.	11	10	7	2 Onc. l.	11	13	1
1 Onc. l.	5	15	3	1 Onc. l.	5	16	6
12 De. l.	2	17	7	12 Den. l.	2	18	3
6 Den. l.	1	8	9	6 Den. l.	1	9	1
3 Den. l.	—	14	4	3 Den. l.	—	14	6
2 Den. l.	—	9	7	2 Den. l.	—	9	8
1 Den. l.	—	4	9	1 Den. l.	—	4	10
½ Den. l.	—	2	4	½ Den. l.	—	2	5
1 Marc l.	46	5	—	1 Marc l.	46	15	—
4 Onc. l.	23	2	6	4 Onc. l.	23	7	6
2 Onc. l.	11	11	3	2 Onc. l.	11	13	9
1 Onc. l.	5	15	7	1 Onc. l.	5	16	10
12 De. l.	2	17	9	12 De. l.	2	18	5
6 Den. l.	1	8	10	6 Den. l.	1	9	2
3 Den. l.	—	14	5	3 Den. l.	—	14	7
2 Den. l.	—	9	7	2 Den. l.	—	9	8
1 Den. l.	—	4	9	1 Den. l.	—	4	10
½ Den. l.	—	2	4	½ Den. l.	—	2	5
1 Marc l.	46	7	6	1 Marc l.	46	17	6
4 Onc. l.	23	3	9	4 Onc. l.	23	8	9
2 Onc. l.	11	11	10	2 Onc. l.	11	14	4
1 Onc. l.	5	15	11	1 Onc. l.	5	17	2
12 De. l.	2	17	11	12 De. l.	2	18	7
6 Den. l.	1	8	11	6 Den. l.	1	9	3
3 Den. l.	—	14	5	3 Den. l.	—	14	7
2 Den. l.	—		9	1 Den. l.	—	4	10
			4	Demi l.	—	2	5

Fraction de 6. pris different au Marc

1 Marc l.	47	2	6	1 Marc l.	47	12	6
4 Onc. l.	23	11	3	4 Onc. l.	23	16	3
2 Onc. l.	11	15	7	2 Onc. l.	11	18	1
1 Onc. l.	5	17	9	1 Onc. l.	5	19	—
12 De. l.	2	18	10	12 De. l.	2	19	6
6 Den. l.	1	9	5	6 Den. l.	1	9	9
3 Den. l.	—	14	8	3 Den. l.	—	14	10
2 Den. l.	—	9	9	2 Den. l.	—	9	11
1 Den. l.	—	4	10	1 Den. l.	—	4	11
½ Den. l.	—	2	5	½ Den. l.	—	2	5
1 Marc l.	47	5	—	1 Marc l.	47	15	—
4 Onc. l.	23	12	6	4 Onc. l.	23	17	6
2 Onc. l.	11	16	3	2 Onc. l.	11	18	9
1 Onc. l.	5	18	1	1 Onc. l.	5	19	4
12 De. l.	2	19	—	12 De. l.	2	19	8
6 Den. l.	1	9	6	6 Den. l.	1	9	10
3 Den. l.	—	14	9	3 Den. l.	—	14	11
2 Den. l.	—	9	10	2 Den. l.	—	9	11
1 Den. l.	—	4	11	1 Den. l.	—	4	11
½ Den. l.	—	2	5	½ Den. l.	—	2	5
1 Marc l.	47	7	6	1 Marc l.	47	17	6
4 Onc. l.	23	13	9	4 Onc. l.	23	18	9
2 Onc. l.	11	16	10	2 Onc. l.	11	19	4
1 Onc. l.	5	18	5	1 Onc. l.	5	19	8
12 De. l.	2	19	2	12 De. l.	2	19	10
6 Den. l.	1	9	7	6 Den. l.	1	9	11
3 Den. l.	—	14	9	3 Den. l.	—	14	11
1 Den. l.	—	4	11				
Demi l.	—	2	5				

le Marc à l. 47. l'Once à l. 5. 17. 6. d.

300 Marc	l. 14100	7 On.	l. 41	2 6
200 Marc	l. 9400	6 On.	l. 35	5 —
100 Marc	l. 4700	5 On.	l. 29	7 6
90 Marc	l. 4230	4 On.	l. 23	10 —
80 Marc	l. 3760	3 On.	l. 17	12 6
70 Marc	l. 3290	2 On.	l. 11	15 —
60 Marc	l. 2820	1 On.	l. 5	17 6
50 Marc	l. 2350	23 De.	l. 5	12 6
40 Marc	l. 1880	22 De.	l. 5	7 7
30 Marc	l. 1410	21 De.	l. 5	2 9
20 Marc	l. 940	20 De.	l. 4	17 10
19 Marc	l. 893	19 De.	l. 4	12 11
18 Marc	l. 846	18 De.	l. 4	8 1
17 Marc	l. 799	17 De.	l. 4	5 2
16 Marc	l. 752	16 De.	l. 3	18 3
15 Marc	l. 705	15 De.	l. 3	13 5
14 Marc	l. 658	14 De.	l. 3	8 6
13 Marc	l. 611	13 De.	l. 3	3 7
12 Marc	l. 564	12 De.	l. 2	18 9
11 Marc	l. 517	11 De.	l. 2	13 9
10 Marc	l. 470	10 De.	l. 2	8 10
9 Marc	l. 423	9 De.	l. 2	4 —
8 Marc	l. 376	8 De.	l. 1	19 1
7 Marc	l. 329	7 De.	l. 1	14 2
6 Marc	l. 282	6 De.	l. 1	9 4
5 Marc	l. 235	5 De.	l. 1	4 5
	188	4 De.	l. —	19 6
	141	3 De.	l. —	14 8
	94	1 De.	l. —	4 10
	47	Demi	l. —	2 5

le Marc à l. 47. 10.		l'Once à l. 5. 18. 9.		
300 Marc l. 14250	—	7 On. l. 41	11	3
200 Marc l. 9500	—	6 On. l. 35	12	6
100 Marc l. 4750	—	5 On. l. 29	13	9
90 Marc l. 4275	—	4 On. l. 23	15	—
80 Marc l. 3800	—	3 On. l. 17	16	3
70 Marc l. 3325	—	2 On. l. 11	17	6
60 Marc l. 2850	—	1 On. l. 5	18	9
50 Marc l. 2375	—	23 De. l. 5	13	9
40 Marc l. 1900	—	22 De. l. 5	8	9
30 Marc l. 1425	—	21 De. l. 5	3	10
20 Marc l. 950	—	20 De. l. 4	18	10
19 Marc l. 902	10	19 De. l. 4	13	11
18 Marc l. 855	—	18 De. l. 4	9	—
17 Marc l. 807	10	17 De. l. 4	4	—
16 Marc l. 760	—	16 De. l. 3	19	1
15 Marc l. 712	10	15 De. l. 3	14	2
14 Marc l. 665	—	14 De. l. 3	9	2
13 Marc l. 617	10	13 De. l. 3	4	3
12 Marc l. 570	—	12 De. l. 2	19	4
11 Marc l. 522	10	11 De. l. 2	14	4
10 Marc l. 475	—	10 De. l. 2	9	5
9 Marc l. 427	10	9 De. l. 2	4	6
8 Marc l. 380	—	8 De. l. 1	19	6
7 Marc l. 332	10	7 De. l. 1	14	7
6 Marc l. 285	—	6 De. l. 1	9	8
5 Marc l. 237	10	5 De. l. 1	4	8
4 Marc l. 190	—	4 De. l.	19	8
3 Marc l. 141	10	3 De. l.	14	11
2 Marc l. 95	—	2 De. l.		
1 Marc l. 47	10	Demi l.		

le Marc à l. 48.   l'Once à l. 6.

300 Marc l. 14400		7 On. l. 42	
200 Marc l. 9600		6 On. l. 36	
100 Marc l. 4800		5 On. l. 30	
90 Marc l. 4320		4 On. l. 24	
80 Marc l. 3840		3 On. l. 18	
70 Marc l. 3360		2 On. l. 12	
60 Marc l. 2880		1 On. l. 6	
50 Marc l. 2400		23 De. l. 5	15
40 Marc l. 1920		22 De. l. 5	10
30 Marc l. 1440		21 De. l. 5	5
20 Marc l. 960		20 De. l. 5	
19 Marc l. 912		19 De. l. 4	15
18 Marc l. 864		18 De. l. 4	10
17 Marc l. 816		17 De. l. 4	5
16 Marc l. 768		16 De. l. 4	
15 Marc l. 720		15 De. l. 3	15
14 Marc l. 672		14 De. l. 3	10
13 Marc l. 624		13 De. l. 3	5
12 Marc l. 576		12 De. l. 3	
11 Marc l. 528		11 De. l. 2	15
10 Marc l. 480		10 De. l. 2	10
9 Marc l. 432		9 De. l. 2	5
8 Marc l. 384		8 De. l. 2	
7 Marc l. 336		7 De. l. 1	15
6 Marc l. 288		6 De. l. 1	10
5 Marc l. 240		5 De. l. 1	5
4 Marc l. 192		4 De. l. 1	
3 Marc l. 144		3 De. l. —	15
2 Marc l. 96		1 De. l. —	5
1 Marc l. 48		Demi l. —	2 6

Marc à l. 48. 10. l'Once à l. 6. 1. 3. d.

	Marc	l.				Onces	l.		
300	Marc	l.	14550	—	7	On.	l.	42	8	9
200	Marc	l.	9700	—	6	On.	l.	36	7	6
100	Marc	l.	4850	—	5	On.	l.	30	6	3
90	Marc	l.	4365	—	4	On.	l.	24	5	—
80	Marc	l.	3880	—	3	On.	l.	18	3	9
70	Marc	l.	3395	—	2	On.	l.	12	2	6
60	Marc	l.	2910	—	1	On.	l.	6	1	3
50	Marc	l.	2425	—	23	De.	l.	5	16	—
40	Marc	l.	1940	—	22	De.	l.	5	10	11
30	Marc	l.	1455	—	21	De.	l.	5	5	11
20	Marc	l.	970	—	20	De.	l.	5	—	11
19	Marc	l.	921	10	19	De.	l.	4	15	10
18	Marc	l.	873	—	18	De.	l.	4	10	10
17	Marc	l.	824	10	17	De.	l.	4	5	9
16	Marc	l.	776	—	16	De.	l.	4	—	8
15	Marc	l.	727	10	15	De.	l.	3	15	8
14	Marc	l.	679	—	14	De.	l.	3	10	8
13	Marc	l.	630	10	13	De.	l.	3	5	7
12	Marc	l.	582	—	12	De.	l.	3	—	7
11	Marc	l.	533	10	11	De.	l.	2	15	5
10	Marc	l.	485	—	10	De.	l.	2	10	5
9	Marc	l.	436	10	9	De.	l.	2	5	5
8	Marc	l.	388	—	8	De.	l.	2	—	4
7	Marc	l.	339	10	7	De.	l.	1	15	4
6	Marc	l.	291	—	6	De.	l.	1	10	3
5	Marc	l.	242	10	5	De.	l.	1	5	2
4	Marc	l.	194	—	4	De.	l.	1	—	2
3	Marc	l.	145	10	3	De.	l.	—	15	1
2	Marc	l.	97	—	1	De.	l.	—	5	—
1	Marc	l.	48	10	Demi	l.		2	6

Fraction de 6. pris differens au Marc.

1 Marc l.	48	2	6	1 Marc l.	48	12	6
4 Onc. l.	24	1	3	4 Onc. l.	24	6	3
2 Onc. l.	12	—	7	2 Onc. l.	12	3	1
1 Onc. l.	6	—	3	1 Onc. l.	6	1	6
12 De. l.	3	—	1	12 De. l.	3	—	9
6 Den. l.	1	10	—	6 Den. l.	1	—	4
3 Den. l.	—	15	—	3 Den. l.	—	15	2
2 Den. l.	—	10	—	2 Den. l.	—	10	1
1 Den. l.	—	5	—	1 Den. l.	—	—	—
½ Den. l.	—	2	6	½ Den. l.	—	2	6
1 Marc l.	48	5	—	1 Marc l.	48	15	—
4 Onc. l.	24	2	6	4 Onc. l.	24	7	6
2 Onc. l.	12	1	3	2 Onc. l.	12	3	9
1 Onc. l.	6	—	7	1 Onc. l.	6	1	10
12 De. l.	3	—	3	12 De. l.	3	—	11
6 Den. l.	1	10	1	6 Den. l.	1	10	5
3 Den. l.	—	15	—	3 Den. l.	—	15	2
2 Den. l.	—	10	—	2 Den. l.	—	10	1
1 Den. l.	—	5	—	1 Den. l.	—	5	—
½ Den. l.	—	2	6	½ Den. l.	—	—	6
1 Marc l.	48	7	6	1 Marc l.	48	17	6
4 Onc. l.	24	3	9	4 Onc. l.	24	8	9
2 Onc. l.	12	1	10	2 Onc. l.	12	4	4
1 Onc. l.	6	—	11	1 Onc. l.	6	2	2
12 De. l.	3	—	5	12 De. l.	3	1	1
6 Den. l.	1	10	2	6 Den. l.	1	10	6
3 Den. l.	—	15	1	3 Den. l.	—	15	3
1 Den. l.	—	5	—	1 Den. l.	—	5	1
½ De. l.	—	2	6	½ De. l.	—	2	6

Fraction de 6. pris different au Marc.

	l.	s.	d.		l.	s.	d.
1 Marc l.	49	2	6	1 Marc l.	49	12	6
4 Onc. l.	24	11	3	4 Onc. l.	24	16	3
2 Onc. l.	12	5	7	2 Onc. l.	12	8	1
1 Onc. l.	6	2	9	1 Onc. l.	6	4	—
12 Den. l.	3	1	4	12 Den. l.	3	2	—
6 Den. l.	1	10	8	6 Den. l.	1	11	—
3 Den. l.	—	15	4	3 Den. l.	—	15	6
2 Den. l.	—	10	2	2 Den. l.	—	10	4
1 Den. l.	—	5	1	1 Den. l.	—	5	2
½ Den. l.	—	2	6	½ Den. l.	—	2	7
1 Marc l.	49	5	—	1 Marc l.	49	15	—
4 Onc. l.	24	12	6	4 Onc. l.	24	17	6
2 Onc. l.	12	6	3	2 Onc. l.	12	8	9
1 Onc. l.	6	3	1	1 Onc. l.	6	4	4
12 Den. l.	3	1	6	12 Den. l.	3	2	2
6 Den. l.	1	10	9	6 Den. l.	1	11	1
3 Den. l.	—	15	4	3 Den. l.	—	15	6
2 Den. l.	—	10	3	2 Den. l.	—	10	4
1 Den. l.	—	5	1	1 Den. l.	—	5	2
½ Den. l.	—	2	6	½ Den. l.	—	2	7
1 Marc l.	49	7	6	1 Marc l.	49	17	6
4 Onc. l.	24	13	9	4 Onc. l.	24	18	9
2 Onc. l.	12	6	10	2 Onc. l.	12	9	4
1 Onc. l.	6	3	5	1 Onc. l.	6	4	8
12 Den. l.	3	1	8	12 De. l.	3	2	4
6 Den. l.	1	10	10	6 Den. l.	1	11	2
3 Den. l.	—	15	5	3 Den. l.	—	15	7
1 Den. l.	—	5	1	1 Den. l.	—	5	4
Demi l.	—	2	6	½ De. l.	—		

Le marc à l. 49.

		l.	s.	d.
300 Marc	l. 14700			
200 Marc	l. 9800			
100 Marc	l. 4900 —			
90 Marc	l. 4410 —			
80 Marc	l. 3920 —			
70 Marc	l. 3430 —			
60 Marc	l. 2940 —			
50 Marc	l. 2450 —			
40 Marc	l. 1960 —			
30 Marc	l. 1470 —			
20 Marc	l. 980 —			
19 Marc	l. 931 —			
18 Marc	l. 882 —			
17 Marc	l. 833 —			
16 Marc	l. 784 —			
15 Marc	l. 735 —			
14 Marc	l. 686 —			
13 Marc	l. 637 —			
12 Marc	l. 588 —			
11 Marc	l. 539 —			
10 Marc	l. 490 —			
9 Marc	l. 441 —			
8 Marc	l. 392 —			
7 Marc	l. 343 —			
6 Marc	l. 294 —			
5 Marc	l. 245 —			
4 Marc	l. 196 —			
3 Marc	l. 147 —			
2 Marc	l. 98 —			
1 Marc	l. 49 —			

	l.	s.	d.
7 On.	l. 42	17	6
6 On.	l. 36	15	—
5 On.	l. 30	12	6
4 On.	l. 24	10	—
3 On.	l. 18	7	6
2 On.	l. 12	5	—
1 On.	l. 6	2	6
23 De.l.	5	17	3
22 De.l.	5	12	2
21 De.l.	5	7	1
20 De.l.	5	2	—
19 De.l.	4	16	11
18 De.l.	4	11	10
17 De.l.	4	6	8
16 De.l.	4	1	7
15 De.l.	3	16	6
14 De.l.	3	11	5
13 De.l.	3	6	4
12 De.l.	3	1	3
11 De.l.	2	16	—
10 De.l.	2	10	11
9 De.l.	2	5	10
8 De.l.	2	—	9
7 De.l.	1	15	8
6 De.l.	1	10	7
5 De.l.	1	5	5
4 De.l.	1	—	4
3 De.l.	—	15	3
1 De.l.	—	5	1
Demi l.	—	2	6

le Marc à l. 49. 10.		l'Once à l. 6. 3. 9.			
300 Marc l. 14850	—	On. l.	43	6	3
200 Marc l. 9900	—	6 On. l.	37	2	6
100 Marc l. 4950	—	5 On. l.	30	18	9
90 Marc l. 4455	—	4 On. l.	24	15	—
80 Marc l. 3960	—	3 On. l.	18	11	3
70 Marc l. 3465	—	2 On. l.	12	7	6
60 Marc l. 2970	—	1 On. l.	6	3	9
50 Marc l. 2475	—	23 De. l.	5	18	5
40 Marc l. 1980	—	22 De. l.	5	13	3
30 Marc l. 1485	—	21 De. l.	5	8	2
20 Marc l. 990	—	20 De. l.	5	3	—
19 Marc l. 940	10	19 De. l.	4	17	10
18 Marc l. 891	—	18 De. l.	4	12	9
17 Marc l. 841	10	17 De. l.	4	7	6
16 Marc l. 792	—	16 De. l.	4	2	4
15 Marc l. 742	10	15 De. l.	3	17	3
14 Marc l. 693	—	14 De. l.	3	12	1
13 Marc l. 643	10	13 De. l.	3	6	11
12 Marc l. 594	—	12 De. l.	3	1	10
11 Marc l. 544	10	11 De. l.	2	16	7
10 Marc l. 495	—	10 De. l.	2	11	5
9 Marc l. 445	10	9 De. l.	2	6	4
8 Marc l. 396	—	8 De. l.	2	1	2
7 Marc l. 346	10	7 De. l.	1	16	—
6 Marc l. 297	—	6 De. l.	1	10	11
5 Marc l. 247	10	5 De. l.	1	5	8
4 Marc l. 198	—	4 De. l.	1	—	6
3 Marc l. 148	10	3 De. l.	—	15	5
2 Marc l. 99	—	2 De. l.	—	10	—
1 Marc l. 49	—	1 De. l.	—	12	6

le Marc à l. 50. l'Once à l.6. 5.

300 Marc	l.	15000	—	7 On.	l. 43	15	—
200 Marc	l.	10000	—	6 On.	l. 37	10	—
100 Marc	l.	5000	—	5 On.	l. 31	5	—
90 Marc	l.	4500	—	4 On.	l. 25		—
80 Marc	l.	4000	—	3 On.	l. 18	15	—
70 Marc	l.	3500	—	2 On.	l. 12	10	—
60 Marc	l.	3000	—	1 On.	l. 6	5	—
50 Marc	l.	2500	—	23 De.	l. 5	19	9
40 Marc	l.	2000	—	22 De.	l. 5	14	6
30 Marc	l.	1500	—	21 De.	l. 5	9	4
20 Marc	l.	1000	—	20 De.	l. 5	4	2
19 Marc	l.	950	—	19 De.	l. 4	18	11
18 Marc	l.	900	—	18 De.	l. 4	13	9
17 Marc	l.	850	—	17 De.	l. 4	8	6
16 Marc	l.	800	—	16 De.	l. 4	3	4
15 Marc	l.	750	—	15 De.	l. 3	18	1
14 Marc	l.	700	—	14 De.	l. 3	12	11
13 Marc	l.	650	—	13 De.	l. 3	7	10
12 Marc	l.	600	—	12 De.	l. 3	2	8
11 Marc	l.	550	—	11 De.	l. 2	17	
10 Marc	l.	500	—	10 De.	l. 2	12	
9 Marc	l.	450	—	9 De.	l. 2	6	10
8 Marc	l.	400	—	8 De.	l. 2	1	8
7 Marc	l.	350	—	7 De.	l. 1	16	5
6 Marc	l.	300	—	6 De.	l. 1	11	3
5 Marc	l.	250	—	5 De.	l. 1	6	—
4 Marc	l.	200	—	4 De.	l. 1		10
3 Marc	l.	150	—	3 De.	l. —	15	7
2 Marc	l.	100	—	1 De.	l. —	5	2
1 Marc	l.	50	—	Demi	l. —	2	7

le Marc à l. 50. 10. l'Once à l. 6. 6. 3. d.

300 Marc l. 15150	—	7 On. l. 44	3	9
200 Marc l. 10100	—	6 On. l. 37	17	6
100 Marc l. 5050	—	5 On. l. 31	11	3
90 Marc l. 4545	—	4 On. l. 25	5	—
80 Marc l. 4040	—	3 On. l. 18	18	9
70 Marc l. 3535	—	2 On. l. 12	12	6
60 Marc l. 3030	—	1 On. l. 6	6	3
50 Marc l. 2525	—	23 De. l. 6	—	10
40 Marc l. 2020	—	22 De. l. 5	15	7
30 Marc l. 1515	—	21 De. l. 5	10	4
20 Marc l. 1010	—	20 De. l. 5	5	1
19 Marc l. 959	10	19 De. l. 4	19	10
18 Marc l. 909	—	18 De. l. 4	14	7
17 Marc l. 858	10	17 De. l. 4	9	4
16 Marc l. 808	—	16 De. l. 4	4	1
15 Marc l. 757	10	15 De. l. 3	18	10
14 Marc l. 707	—	14 De. l. 3	13	7
13 Marc l. 656	10	13 De. l. 3	8	4
12 Marc l. 606	—	12 De. l. 3	3	1
11 Marc l. 555	10	11 De. l. 2	17	9
10 Marc l. 505	—	10 De. l. 2	12	6
9 Marc l. 454	10	9 De. l. 2	7	3
8 Marc l. 404	—	8 De. l. 2	2	—
7 Marc l. 353	10	7 De. l. 1	16	9
6 Marc l. 303	—	6 De. l. 1	11	6
5 Marc l. 252	10	5 De. l. 1	6	3
4 Marc l. 202	—	4 De. l. 1	1	—
3 Marc l. 151	10	3 De. l. —	15	9
2 Marc l. 101	—	1 De. l. —	5	3
1 Marc l. 50	10	Demi l. —	2	7

Fraction de 6. pris différent au Marc.

1 Marc	l. 50	2	6	1 Marc	l. 50	12	6
4 Onc.	l. 25	1	3	4 Onc.	l. 25	6	3
2 Onc.	l. 12	10	7	2 Onc.	l. 12	13	2
1 Onc.	l. 6	5	3	1 Onc.	l. 6	6	6
12 De.	l. 3	2	7	12 Den.	l. 3	3	3
6 Den.	l. 1	11	3	6 Den.	l. 1	11	7
3 Den.	l. —	15	7	3 Den.	l. —	15	10
2 Den.	l. —	10	5	2 Den.	l. —	10	6
1 Den.	l. —	5	2	1 Den.	l. —	5	3
½ Den.	l. —	2	7	½ Den.	l. —	2	7
1 Marc	l. 50	5		1 Marc	l. 50	15	
4 Onc.	l. 25	2	6	4 Onc.	l. 25	7	6
2 Onc.	l. 12	11	3	2 Onc.	l. 12	13	9
1 Onc.	l. 6	5	7	1 Onc.	l. 6	6	10
12 De.	l. 3	2	9	12 De.	l. 3	3	5
6 Den.	l. 1	11	4	6 Den.	l. 1	11	8
3 Den.	l. —	15	8	3 Den.	l. —	15	10
2 Den.	l. —	10	5	2 Den.	l. —	10	6
1 Den.	l. —	5	2	1 Den.	l. —	5	3
½ Den.	l. —	2	7	½ Den.	l. —	2	7
1 Marc	l. 50	7	6	1 Marc	l. 50	17	6
4 Onc.	l. 25	3	9	4 Onc.	l. 25	8	9
2 Onc.	l. 12	11	10	2 Onc.	l. 12	14	4
1 Onc.	l. 6	5	11	1 Onc.	l. 6	7	2
12 De.	l. 3	2	11	12 De.	l. 3	3	7
6 Den.	l. 1	11	5	6 Den.	l. 1	11	9
3 Den.	l. —	15	8	3 Den.	l. —	15	10
2 Den.	l. —	5	2	1 Den.	l. —	5	3
½ Den.	l. —	2	7	Demi	l. —	2	7

Fraction de 6. pris different au Marc

1 Marc l.	51	2	6	1 Marc l.	51	12	6
4 Onc. l.	25	11	3	4 Onc. l.	25	16	3
2 Onc. l.	12	15	7	2 Onc. l.	12	18	1
1 Onc. l.	6	7	9	1 Onc. l.	6	9	—
12 De. l.	3	3	10	12 De. l.	3	4	6
6 Den. l.	1	11	11	6 Den. l.	1	12	3
3 Den. l.	—	15	11	3 Den. l.	—	16	1
2 Den. l.	—	10	7	2 Den. l.	—	10	9
1 Den. l.	—	5	3	1 Den. l.	—	5	4
½ Den. l.	—	2	7	½ Den. l.	—	2	8
1 Marc l.	51	5	—	1 Marc l.	51	15	—
4 Onc. l.	25	12	6	4 Onc. l.	25	17	6
2 Onc. l.	12	16	3	2 Onc. l.	12	18	9
1 Onc. l.	6	8	1	1 Onc. l.	6	9	4
12 De. l.	3	4	—	12 De. l.	3	4	8
6 Den. l.	1	12	—	6 Den. l.	1	12	4
3 Den. l.	—	16	—	3 Den. l.	—	16	2
2 Den. l.	—	10	8	2 Den. l.	—	10	9
1 Den. l.	—	5	4	1 Den. l.	—	5	4
½ Den. l.	—	2	8	½ Den. l.	—	2	8
1 Marc l.	51	7	6	1 Marc l.	51	17	6
4 Onc. l.	25	13	9	4 Onc. l.	25	18	9
2 Onc. l.	12	16	10	2 Onc. l.	12	19	4
1 Onc. l.	6	8	5	1 Onc. l.	6	9	8
12 De. l.	3	4	2	12 De. l.	3	4	10
6 Den. l.	1	12	1	6 Den. l.	1	12	5
3 Den. l.	—	16	—	3 Den. l.	—	16	2
1 Den. l.	—	5	4	1 Den. l.	—	5	4
Demi l.	—	2	8	Demi l.	—	2	8

le Marc à l. 51. l'Once à l. 7. 6. d.

300 Marc l.15300		7 On. l.44	12	6
200 Marc l.10200		6 On. l.38	5	—
100 Marc l. 5100		5 On. l.31	17	6
90 Marc l. 4590		4 On. l.25	10	—
80 Marc l. 4080		3 On. l.19	2	6
70 Marc l. 3570		2 On. l.12	15	—
60 Marc l. 3060		1 On. l. 6	7	6
50 Marc l. 2550		23 De. l. 6	2	1
40 Marc l. 2040		22 De. l. 5	16	9
30 Marc l. 1530		21 De. l. 5	11	6
20 Marc l. 1020		20 De. l. 5	6	2
19 Marc l. 969		19 De. l. 5	—	10
18 Marc l. 918		18 De. l. 4	15	7
17 Marc l. 867		17 De. l. 4	10	3
16 Marc l. 816		16 De. l. 4	4	11
15 Marc l. 765		15 De. l. 3	19	8
14 Marc l. 714		14 De. l. 3	14	4
13 Marc l. 663		13 De. l. 3	9	—
12 Marc l. 612		12 De. l. 3	3	9
11 Marc l. 561		11 De. l. 2	18	4
10 Marc l. 510		10 De. l. 2	13	—
9 Marc l. 459		9 De. l. 2	7	9
8 Marc l. 408		8 De. l. 2	2	5
7 Marc l. 357		7 De. l. 1	17	1
6 Marc l. 306		6 De. l. 1	11	10
5 Marc l. 255		5 De. l. 1	6	6
4 Marc l. 204		4 De. l. 1	1	2
3 Marc l. 153		3 De. l. —	16	14
2 Marc l. 102		1 De. l. —	5	3
1 Marc l. 51		Demi l. —	2	7

Marc à l. 54. 10.		l'Once à l. 6. 8. 9. d.		
300 Marc l. 15450	—	7 On. l. 45	1	3
200 Marc l. 10300	—	6 On. l. 38	12	6
100 Marc l. 5150	—	5 On. l. 32	3	9
90 Marc l. 4635	—	4 On. l. 25	15	—
80 Marc l. 4120	—	3 On. l. 19	6	3
70 Marc l. 3605	—	2 On. l. 12	17	6
60 Marc l. 3090	—	1 On. l. 6	8	9
50 Marc l. 2575	—	23 De. l. 6	3	3
40 Marc l. 2060	—	22 De. l. 5	17	11
30 Marc l. 1545	—	21 De. l. 5	12	6
20 Marc l. 1030	—	20 De. l. 5	7	2
19 Marc l. 978	10	19 De. l. 5	1	10
18 Marc l. 927	—	18 De. l. 4	16	6
17 Marc l. 875	10	17 De. l. 4	11	1
16 Marc l. 824	—	16 De. l. 4	5	9
15 Marc l. 772	10	15 De. l. 4	—	5
14 Marc l. 721	—	14 De. l. 3	15	—
13 Marc l. 669	10	13 De. l. 3	9	8
12 Marc l. 618	—	12 De. l. 3	4	4
11 Marc l. 566	10	11 De. l. 2	18	11
10 Marc l. 515	—	10 De. l. 2	13	7
9 Marc l. 463	10	9 De. l. 2	8	3
8 Marc l. 412	—	8 De. l. 2	2	10
7 Marc l. 360	10	7 De. l. 1	17	6
6 Marc l. 309	—	6 De. l. 1	12	2
5 Marc l. 257	10	5 De. l. 1	6	9
4 Marc l. 206	—	4 De. l. 1	1	4
3 Marc l. 154	10	3 De. l. —	16	1
2 Marc l. 103	—	1 De. l. —	5	4
1 Marc l. 51	10	Demi l. —	2	8

le Marc à l. 52. l'Once à l. 6. 10.

300 Marc	l. 15600	—	7 On. l. 45	10 —
200 Marc	l. 10400	—	6 On. l. 39	— —
100 Marc	l. 5200	—	5 On. l. 32	10 —
90 Marc	l. 4680	—	4 On. l. 26	— —
80 Marc	l. 4160	—	3 On. l. 19	10 —
70 Marc	l. 3640	—	2 On. l. 13	— —
60 Marc	l. 3120	—	1 On. l. 6	10 —
50 Marc	l. 2600	—	23 De. l. 6	4 7
40 Marc	l. 2080	—	22 De. l. 5	19 2
30 Marc	l. 1560	—	21 De. l. 5	13 9
20 Marc	l. 1040	—	20 De. l. 5	8 4
19 Marc	l. 988	—	19 De. l. 5	2 11
18 Marc	l. 936	—	18 De. l. 4	17 6
17 Marc	l. 884	—	17 De. l. 4	12 1
16 Marc	l. 832	—	16 De. l. 4	6 8
15 Marc	l. 780	—	15 De. l. 4	1 3
14 Marc	l. 728	—	14 De. l. 3	15 10
13 Marc	l. 676	—	13 De. l. 3	10 5
12 Marc	l. 624	—	12 De. l. 3	5 —
11 Marc	l. 572	—	11 De. l. 2	19 7
10 Marc	l. 520	—	10 De. l. 2	14 2
9 Marc	l. 468	—	9 De. l. 2	8 9
8 Marc	l. 416	—	8 De. l. 2	3 4
7 Marc	l. 364	—	7 De. l. 1	17 11
6 Marc	l. 312	—	6 De. l. 1	12 6
5 Marc	l. 260	—	5 De. l. 1	7 1
4 Marc	l. 208	—	4 De. l. 1	1 8
3 Marc	l. 156	—	3 De. l. —	16 3
2 Marc	l. 104	—	1 De. l. —	— 5
1 Marc	l. 52	—	Demi l. —	— 5 8

Fractions de 6. prix different au Marc.

	l.	s	d		l.	s	d
1 Marc	53	2	6	1 Marc	53	12	6
4 Onc.	26	11	3	4 Onc.	26	16	3
2 Onc.	13	5	7	2 Onc.	13	8	1
1 Onc.	6	12	9	1 Onc.	6	14	—
12 De.	3	6	4	12 De.	3	7	—
6 Den.	1	13	2	6 Den.	1	13	6
3 Den.	—	16	7	3 Den.	—	16	9
2 Den.	—	11	—	2 Den.	—	11	2
1 Den.	—	5	6	1 Den.	—	5	7
Demi	—	2	9	Demi	—	2	9
1 Marc	53	5	—	1 Marc	53	15	—
4 Onc.	26	12	6	4 Onc.	26	17	6
2 Onc.	13	6	3	2 Onc.	13	8	9
1 Onc.	6	13	1	1 Onc.	6	14	4
12 De.	3	6	6	12 De.	3	7	2
6 Den.	1	13	3	6 Den.	1	13	7
3 Den.	—	16	7	3 Den.	—	16	9
2 Den.	—	11	1	2 Den.	—	11	2
1 Den.	—	5	6	1 Den.	—	5	7
Demi	—	2	9	Demi	—	2	9
1 Marc	53	7	6	1 Marc	53	17	6
4 Onc.	26	13	9	4 Onc.	26	18	9
2 Onc.	13	6	10	2 Onc.	13	9	4
1 Onc.	6	13	5	1 Onc.	6	14	8
12 De.	3	6	8	12 De.	3	7	4
6 Den.	1	13	4	6 Den.	1	13	8
3 Den.	—	16	8	3 Den.	—	16	10
2 Den.	—	11	1	2 Den.	—	11	2
1 Den.	—	5	6	1 Den.	—	5	7
Demi	—	2	9	Demi	—	2	9

le Marc à l. 53.		l'Once à l. 6. 12. 6.		
2 Marc l.	106	7 On. l. 46	7	6
3 Marc l.	159	6 On. l. 39	15	—
4 Marc l.	212	5 On. l. 33	2	6
5 Marc l.	265	4 On. l. 26	10	—
6 Marc l.	318	3 On. l. 19	17	6
7 Marc l.	371	2 On. l. 13	5	—
8 Marc l.	424	1 On. l. 6	12	
9 Marc l.	477	23 De. l. 6	6	
10 Marc l.	530	22 De. l. 6	1	5
11 Marc l.	583	21 De. l. 5	15	11
12 Marc l.	636	20 De. l. 5	10	5
13 Marc l.	689	19 De. l. 5	4	10
14 Marc l.	742	18 De. l. 4	19	4
15 Marc l.	795	17 De. l. 4	13	10
16 Marc l.	848	16 De. l. 4	8	4
17 Marc l.	901	15 De. l. 4	2	9
18 Marc l.	954	14 De. l. 3	17	3
19 Marc l.	1007	13 De. l. 3	11	9
20 Marc l.	1060	12 De. l. 3	6	3
21 Marc l.	1113	11 De. l. 3	—	8
22 Marc l.	1166	10 De. l. 2	15	2
23 Marc l.	1219	9 De. l. 2	9	8
24 Marc l.	1272	8 De. l. 2	4	2
25 Marc l.	1325	7 De. l. 1	18	7
30 Marc l.	1590	6 De. l. 1	13	1
40 Marc l.	2120	5 De. l. 1	7	7
50 Marc l.	2650	4 De. l. 1	2	1
60 Marc l.	3180	3 De. l.	16	6
70 Marc l.	3710	2 De. l.	11	—
80 Marc l.	4240	1 De. l.	5	6

le Marc à l. 53. 10. l'Once à l. 6. 13. 9. d.

2 Marc l. 107		7 On. l. 46	16	3
3 Marc l. 160	10	6 On l. 40	2	6
4 Marc l. 214		5 On. l. 33	8	9
5 Marc l. 267	10	4 On. l. 26	15	
6 Marc l. 321		3 On. l. 20	1	3
7 Marc l. 374	10	2 On. l. 13	7	6
8 Marc l. 428		1 On. l. 6	13	9
9 Marc l. 481	10	23 De. l. 6	8	2
10 Marc l. 535		22 De. l. 6	2	7
11 Marc l. 588	10	21 De. l. 5	17	
12 Marc l. 642		20 De. l. 5	11	5
13 Marc l. 695	10	19 De. l. 5	5	10
14 Marc l. 749		18 De. l. 5	—	3
15 Marc l. 802	10	17 De. l. 4	14	8
16 Marc l. 856		16 De. l. 4	9	2
17 Marc l. 909	10	15 De. l. 4	3	7
18 Marc l. 963		14 De. l. 3	18	
19 Marc l. 1016	10	13 De. l. 3	12	5
20 Marc l. 1070		12 De. l. 3	6	10
21 Marc l. 1123	10	11 De. l. 3	1	3
22 Marc l. 1177		10 De. l. 2	15	8
23 Marc l. 1230	10	9 De. l. 2	10	1
24 Marc l. 1284		8 De. l. 2	4	7
25 Marc l. 1337	10	7 De. l. 1	19	
30 Marc l. 1605		6 De. l. 1	13	5
40 Marc l. 2140		5 De. l. 1	7	10
50 Marc l. 2675		4 De. l. 1	2	3
60 Marc l. 3210		3 De. l.	16	8
70 Marc l. 3745		2 De. l.	11	1
80 Marc l. 4280		1 De. l.	5	6

le Marc à l. 54.	l'Once à l. 6. 15.		
2 Marc l. 108	7 On. l. 47	5	
3 Marc l. 162	6 On. l. 40	10	
4 Marc l. 216	5 On. l. 33	15	
5 Marc l. 270	4 On. l. 27	—	
6 Marc l. 324	3 On. l. 20	5	
7 Marc l. 378	2 On. l. 13	10	
8 Marc l. 432	1 On. l. 6	15	
9 Marc l. 486	23 De. l. 6	9	4
10 Marc l. 540	22 De. l. 6	3	9
11 Marc l. 594	21 De. l. 5	18	1
12 Marc l. 648	20 De. l. 5	12	6
13 Marc l. 702	19 De. l. 5	6	10
14 Marc l. 756	18 De. l. 5	1	3
15 Maec l. 810	17 De. l. 4	15	7
16 Marc l. 864	16 De. l. 4	10	
17 Marc l. 918	15 De. l. 4	4	4
18 Marc l. 972	14 De. l. 3	18	9
19 Marc l. 1026	13 De. l. 3	13	1
20 Marc l. 1080	12 De. l. 3	7	6
21 Marc l. 1134	11 De. l. 3	1	10
22 Marc l. 1188	10 De. l. 2	16	3
23 Marc l. 1242	9 De. l. 2	10	7
24 Marc l. 1296	8 De. l. 2	5	
25 Marc l. 1350	7 De. l. 1	19	4
30 Marc l. 1620	6 De. l. 1	13	9
40 Marc l. 2160	5 De. l. 1	8	1
50 Marc l. 2700	4 De. l. 1	2	6
60 Marc l. 3240	3 De. l.	16	10
70 Marc l. 3780	2 De. l.	11	3
80 Marc l. 4320	1 De. l.	5	7

le Marc à l. 54. 10. l'Once à l. 6. 16. 3.

2 Marc	109		7 On.	47	13	9
3 Marc	163	10	6 On.	40	17	6
4 Marc	218		5 On.	34	1	3
5 Marc	272	10	4 On.	27	5	
6 Marc	327		3 On.	20	8	9
7 Marc	381	10	2 On.	13	12	6
8 Marc	436		1 On.	6	16	3
9 Marc	490	10	23 De.	6	10	6
10 Marc	545		22 De.	6	4	10
11 Marc	599	10	21 De.	5	19	2
12 Marc	654		20 De.	5	13	6
13 Marc	708	10	19 De.	5	7	10
14 Marc	763		18 De.	5	2	2
15 Marc	817	10	17 De.	4	16	6
16 Marc	872		16 De.	4	10	10
17 Marc	926	10	15 De.	4	5	1
18 Marc	981		14 De.	3	19	5
19 Marc	1035	10	13 De.	3	13	9
20 Marc	1090		12 De.	3	8	1
21 Marc	1144	10	11 De.	3	2	5
22 Marc	1199		10 De.	2	16	9
23 Marc	1253	10	9 De.	2	11	1
24 Marc	1308		8 De.	2	5	5
25 Marc	1362	10	7 De.	1	19	8
30 Marc	1635		6 De.	1	14	
40 Marc	2180		5 De.	1	8	4
50 Marc	2725		4 De.	1	2	8
60 Marc	3270		3 De.		17	
70 Marc	3815		2 De.		11	4
80 Marc	4360		1 De.		8	6

Fractions de 6. prix different au Marc.

1 Marc l. 54	2	6	1 Marc l. 54	12	6
4 Onc. l. 27	1	3	4 Onc. l. 27	6	3
2 Onc. l. 13	10	7	2 Onc. l. 13	13	1
1 Onc. l. 6	15	3	1 Onc. l. 6	16	6
12 De. l. 3	7	7	12 De. l. 3	8	3
6 Den. l. 1	13	9	6 Den. l. 1	14	1
3 Den. l. —	16	10	3 Den. l. —	17	—
2 Den. l. —	11	3	2 Den. l. —	11	4
1 Den. l. —	5	7	1 Den. l. —	5	8
Demi l. —	2	9	Demi l. —	2	10
1 Marc l. 54	5	—	1 Marc l. 54	15	—
4 Onc. l. 27	2	6	4 Onc. l. 27	7	6
2 Onc. l. 13	11	3	2 Onc. l. 13	13	9
1 Onc. l. 6	15	7	1 Onc. l. 6	16	10
12 De. l. 3	7	9	12 De. l. 3	8	5
6 Den. l. 1	13	10	6 Den. l. 1	14	2
3 Den. l. —	16	11	3 Den. l. —	17	1
2 Den. l. —	11	3	2 Den. l. —	11	4
1 Den. l. —	5	7	1 Den. l. —	5	8
Demi l. —	2	9	Demi l. —	2	10
1 Marc l. 54	7	6	1 Marc l. 54	17	6
4 Onc. l. 27	3	9	4 Onc. l. 27	8	9
2 Onc l. 13	11	10	2 Onc. l. 13	14	4
1 Onc. l. 6	15	11	1 Onc. l. 6	17	2
12 De. l. 3	7	11	12 De. l. 3	8	7
6 Den. l. 1	13	11	6 Den. l. 1	14	3
3 Den. l. —	16	11	3 Den. l. —	17	1
2 Den l. —	11	3	2 Den. l. —	11	5
1 Den. l. —	5	7	1 Den. l. —	5	8
Demi l. —	2	9	Demi l. —	2	10

Fractions de 6 prix differens au Marc.

1 Marc l. 55	2	6	1 Marc l. 55	12	6
4 Onc. l. 27	11	3	4 Onc. l. 27	16	3
2 Onc. l. 13	15	7	2 Onc. l. 13	18	1
1 Onc. l. 6	17	9	1 Onc. l. 6	19	—
12 De. l. 3	8	10	12 De. l. 3	9	6
6 Den. l. 1	14	5	6 Den. l. 1	14	9
3 Den. l. —	17	2	3 Den. l. —	17	4
2 Den. l. —	11	5	2 Den. l. —	11	7
1 Den. l. —	5	8	1 Den. l. —	5	9
Demi. l. —	2	10	Demi l. —	2	10
1 Marc l. 55	5	—	1 Marc l. 55	15	—
4 Onc. l. 27	12	6	4 Onc. l. 27	17	6
2 Onc. l. 13	16	3	2 Onc. l. 13	18	9
1 Onc. l. 6	18	1	1 Onc. l. 6	19	4
12 De. l. 3	9	—	12 De. l. 3	9	8
6 Den. l. 1	14	6	6 Den. l. 1	14	10
3 Den. l. —	17	3	3 Den. l. —	17	5
2 Den. l. —	11	6	2 Den. l. —	11	7
1 Den. l. —	5	9	1 Den. l. —	5	9
Demi l. —	2	10	Demi l. —	2	10
1 Marc l. 55	7	6	1 Marc l. 55	17	6
4 Onc. l. 27	13	9	4 Onc. l. 27	18	9
2 Onc. l. 13	16	10	2 Onc. l. 13	19	4
1 Onc. l. 6	18	5	1 Onc. l. 6	19	8
12 De. l. 3	9	2	12 De. l. 3	9	10
6 Den. l. 1	14	7	6 Den. l. 1	14	11
3 Den. l. —	17	3	3 Den. l. —	17	5
2 Den. l. —	11	6	2 Den. l. —	11	7
1 Den. l. —	5	9	1 Den. l. —	5	9
Demi l. —	2	10	Demi. l. —	2	10

le Marc à l. 55.		l'Onc. à l.6. 17. 6.d.		
2 Marc l	110	.7 On 48	2	6
3 Marc l	165	6 on. 41	5	—
4 Marc l	220	5 on. 34	7	6
5 Marc l	275	4 on. 27	10	—
6 Marc l	330	3 on. 20	12	6
7 Marc l	385	2 on. 13	15	—
8 Marc l	440	1 on. 6	17	6
9 Marc l	495	23 de. 6	11	9
10 Marc l	550	22 de. 6	6	—
11 Marc l	605	21 de. 6	—	3
12 Marc l	660	20 de. 5	14	7
13 Marc l	715	19 de. 5	8	10
14 Marc l	770	18 de. 5	3	1
15 Marc l	825	17 de. 4	17	4
16 Marc l	880	16 de. 4	11	8
17 Marc l	935	15 de. 4	5	11
18 Marc l	990	14 de. 4	—	2
19 Marc l	1045	13 de. 3	14	5
20 Marc l	1100	12 de. 3	8	9
21 Marc l	1155	11 de. 3	3	—
22 Marc l	1210	10 de. 2	17	3
23 Marc l	1265	9 de. 2	11	6
24 Marc l	1320	8 de. 2	5	10
25 Marc l	1375	7 de. 2	—	1
30 Marc l	1650	6 de. 1	14	4
40 Marc l	2200	5 de. 1	8	7
50 Marc l	2750	4 de. 1	2	11
60 Marc l	3300	3 de.	17	2
70 Marc l	3850	2 de.	11	5
80 Marc l	4400	1 de.	5	8

le Marc à l. 55. 10.		l'Once à l. 6 18. 9. d.		
2 marc l 111		7 on. l 48	11	3
3 marc l 166	10	6 on. l 41	12	6
4 marc l 222		5 on. l 34	13	9
5 marc l 277	10	4 on. l 27	15	—
6 marc l 333		3 on. l 20	16	3
7 marc l 388	10	2 on. l 13	17	6
8 marc l 444		1 on. l 6	18	9
9 marc l 499	10	23 de. l 6	12	11
10 marc l 555		22 de. l 6	7	2
11 marc l 610	10	21 de. l 6	1	4
12 marc l 666		20 de. l 5	15	7
13 marc l 721	10	19 de. l 5	9	10
14 marc l 777		18 de. l 5	4	—
15 marc l 832	10	17 de. l 4	18	3
16 marc l 888		16 de. l 4	12	6
17 marc l 943	10	15 de. l 4	6	8
18 marc l 999		14 de. l 4	—	11
19 marc l 1054	10	13 de. l 3	15	1
20 marc l 1110		12 de. l 3	9	4
21 marc l 1165	10	11 de. l 3	3	7
22 marc l 1221		10 de. l 2	17	9
23 marc l 1276	10	9 de. l 2	12	—
24 marc l 1332		8 de. l 2	6	3
25 marc l 1387	10	7 de. l 2	—	5
30 marc l 1665		6 de. l 1	14	8
40 marc l 2220		5 de. l 1	8	10
50 marc l 2775		4 de. l 1	3	1
60 marc l 3330		3 de. l	17	4
70 marc l 3885		2 de. l	11	6
80 marc l 4440		1 de. l	5	9

le Marc à l. 56   l'Once à l. 7.

2 marc l	112	7 on. l	49
3 marc l	168	6 on. l	42
4 marc l	224	5 on. l	35
5 marc l	280	4 on. l	28
6 marc l	336	3 on. l	21
7 marc l	392	2 on. l	14
8 marc l	448	1 on. l	7
9 marc l	504	23 de. l	6	14	2
10 marc l	560	22 de. l	6	8	4
11 marc l	616	21 de. l	6	2	6
12 marc l	672	20 de. l	5	16	8
13 marc l	728	19 de. l	5	10	10
14 marc l	784	18 de. l	5	5	
15 marc l	840	17 de. l	5		2
16 marc l	896	16 de. l	4	13	4
17 marc l	952	15 de. l	4	7	6
18 marc l	1008	14 de. l	4	1	8
19 marc l	1064	13 de. l	3	15	10
20 marc l	1120	12 de. l	3	10	
21 marc l	1176	11 de. l	3	4	2
22 marc l	1232	10 de. l	2	18	4
23 marc l	1288	9 de. l	2	12	6
24 marc l	1344	8 de. l	2	6	8
25 marc l	1400	7 de. l	2		10
30 marc l	1680	6 de. l	1	15	
40 marc l	2240	5 de. l	1	9	2
50 marc l	2800	4 de. l	1	3	4
60 marc l	3360	3 de. l		17	6
70 marc l	3920	2 de. l		11	9
80 marc l	4480	1 de. l		5	10

le Marc à l. 56. 10. l'Once à l.7. 1. 3. d.

2 marc l	113		7 On l	49	8	9
3 marc l	169	10	6 on l	42	7	6
4 marc l	226		5 on. l	35	6	3
5 marc l	282	10	4 on. l	28	5	—
6 marc l	339		3 on. l	21	3	9
7 marc l	395	10	2 on. l	14	2	6
8 marc l	452		1 on. l	7	1	3
9 marc l	508	10	23 de. l	6	15	4
10 marc l	565		22 de. l	6	9	5
11 marc l	621	10	21 de. l	6	3	7
12 marc l	678		20 de. l	5	17	8
13 marc l	734	10	19 de. l	5	11	9
14 marc l	791		18 de. l	5	5	11
15 marc l	847	10	17 de. l	5	—	0
16 marc l	904		16 de. l	4	14	2
17 marc l	960	0	15 de. l	4	8	3
18 marc l	10 7		14 de. l	4	2	4
19 marc l	1073	10	13 de. l	3	16	5
20 marc l	1130		12 de. l	3	10	7
21 marc l	1186	10	11 de. l	3	4	8
22 marc l	1243		10 de. l	2	18	10
23 marc l	1299	10	9 de. l	2	12	11
24 marc l	1356		8 de. l	2	7	1
25 marc l	1412	10	7 de. l	2	1	2
30 marc l	1695		6 de. l	1	15	3
40 marc l	2260		5 de. l	1	9	5
50 marc l	2825		4 de. l	1	3	6
60 marc l	3390		3 de. l		17	7
70 marc l	3955		2 de. l		11	9
80 marc l	4520		1 de. l		5	10

Fractions de 6. pris different au Marc.

1 Marc l. 56	2	6	1 Marc l. 56	12	6
4 Onc. l. 28	1	3	4 Onc. l. 28	6	3
2 Onc. l. 14	—	7	2 Onc. l. 14	3	1
1 Onc. l. 7	—	3	1 Onc. l. 7	1	6
12 De. l. 3	10	1	12 De. l. 3	10	9
6 Den. l. 1	15	—	6 Den. l. 1	15	4
3 Den. l. —	17	6	3 Den. l. —	17	8
2 Den. l. —	11	8	2 Den. l. —	11	9
1 Den. l. —	5	10	1 Den. l. —	5	10
Demi. l. —	2	11	Demi l. —	2	11
1 Marc l. 56	5	—	1 Marc l. 56	15	
4 Onc. l. 28	2	6	4 Onc. l. 28	7	6
2 Onc. l. 14	1	3	2 Onc. l. 14	3	9
1 Onc. l. 7	—	7	1 Onc. l. 7	1	10
12 De. l. 3	10	3	12 De. l. 3	10	11
6 Den. l. 1	15	1	6 Den. l. 1	15	5
3 Den. l. —	17	6	3 Den. l. —	17	8
2 Den. l. —	11	8	2 Den. l. —	11	9
1 Den. l. —	5	10	1 Den. l. —	5	10
Demi. l. —	2	11	Demi l. —	2	11
1 Marc l. 56	7	6	1 Marc l. 56	17	6
4 Onc. l. 28	3	9	4 Onc. l. 28	8	9
2 Onc. l. 14	1	10	2 Onc. l. 14	4	4
1 Onc. l. 7	—	11	1 Onc. l. 7	2	2
12 De. l. 3	10	5	12 De. l. 3	11	1
6 Den. l. 1	15	2	6 Den. l. 1	15	6
3 Den. l. —	17	7	3 Den. l. —	17	9
2 Den. l. —	11	8	2 Den. l. —	11	10
1 Den. l. —	5	10	1 Den. l. —	5	11
Demi. l. —	2	11	Demi l. —	2	11

Fractions de 6. prix different au Marc.

1 Marc	l. 57	2	6	1 Marc	l. 57	12	6
4 Onc.	l. 28	11	3	4 Onc.	l. 28	16	3
2 Onc.	l. 14	5	7	2 Onc.	l. 14	8	1
1 Onc.	l. 7	2	9	1 Onc.	l. 7	4	—
12 De.	l. 3	11	4	12 De.	l. 3	12	—
6 Den.	l. 1	15	8	6 Den.	l. 1	16	—
3 Den.	l. —	17	10	3 Den.	l. —	18	—
2 Den.	l. —	11	10	2 Den.	l. —	12	—
1 Den.	l. —	5	11	1 Den.	l. —	6	—
Demi	l. —	2	11	Demi	l. —	3	—
1 Marc	l. 57	5	—	1 Marc	l. 57	15	—
4 Onc.	l. 28	12	6	4 Onc.	l. 28	17	6
2 Onc.	l. 14	6	3	2 Onc.	l. 14	8	9
1 Onc.	l. 7	3	1	1 Onc.	l. 7	4	4
12 De.	l. 3	11	6	12 De.	l. 3	12	2
6 Den.	l. 1	15	9	6 Den.	l. 1	16	1
3 Den.	l. —	17	10	3 Den.	l. —	18	—
2 Den.	l. —	11	11	2 Den.	l. —	12	—
1 Den.	l. —	5	11	1 Den.	l. —	6	—
Demi	l. —	2	11	Demi	l. —	3	—
1 Marc	l. 57	7	6	1 Marc	l. 57	17	6
4 Onc.	l. 28	13	9	4 Onc.	l. 28	18	9
2 Onc.	l. 14	6	10	2 Onc.	l. 14	9	4
1 Onc.	l. 7	3	5	1 Onc.	l. 7	4	8
12 De.	l. 3	11	8	12 De.	l. 3	12	4
6 Den.	l. 1	15	10	6 Den.	l. 1	16	2
3 Den.	l. —	17	11	3 Den.	l. —	18	1
2 Den.	l. —	11	11	2 Den.	l. —	12	—
1 Den.	l. —	5	11	1 Den.	l. —	6	—
Demi	l. —	2	11	Demi	l. —	3	—

le Marc à l. 57.			l'Once à l. 7. 2. 6.		
2 Marc l.	114	—	7 On. l. 49	17	6
3 Marc l.	171	—	6 On. l. 42	15	—
4 Marc l.	228	—	5 On. l. 35	12	6
5 Marc l.	285	—	4 On. l. 28	10	—
6 Marc l.	342	—	3 On. l. 21	7	6
7 Marc l.	399	—	2 On. l. 14	5	—
8 Marc l.	456	—	1 On. l. 7	2	6
9 Marc l.	513	—	23 De. l. 6	16	6
10 Marc l.	570	—	22 De. l. 6	10	7
11 Marc l.	627	—	21 De. l. 6	4	8
12 Marc l.	684	—	20 De. l. 5	18	9
13 Marc l.	741	—	19 De. l. 5	12	9
14 Marc l.	798	—	18 De. l. 5	6	10
15 Marc l.	855	—	17 De. l. 5	—	11
16 Marc l.	912	—	16 De. l. 4	15	—
17 Marc l.	969	—	15 De. l. 4	9	—
18 Marc l.	1026	—	14 De. l. 4	3	1
19 Marc l.	1083	—	13 De. l. 3	17	2
20 Marc l.	1140	—	12 De. l. 3	11	3
21 Marc l.	1197	—	11 De. l. 3	5	3
22 Marc l.	1254	—	10 De. l. 2	19	4
23 Marc l.	1311	—	9 De. l. 2	13	5
24 Marc l.	1368	—	8 De. l. 2	7	6
25 Marc l.	1425	—	7 De. l. 2	1	6
30 Marc l.	1710	—	6 De. l. 1	15	7
40 Marc l.	2280	—	5 De. l. 1	9	8
50 Marc l.	2850	—	4 De. l. 1	3	9
60 Marc l.	3420	—	3 De. l.	17	9
70 Marc l.	3990	—	2 De. l.	11	10
80 Marc l.	4560	—	1 De. l.	5	11

le Marc à l. 57.10.		l'Once à l. 7. 3. 9. d.		
2 Marc l. 115		7 On. l. 50	6	3
3 Marc l. 172	10	6 On. l. 43	2	6
4 Marc l. 230		5 On. l. 35	18	9
5 Marc l. 287	10	4 On. l. 28	15	
6 Marc l. 345		3 On. l. 21	11	3
7 Marc l. 402	10	2 On. l. 14	7	6
8 Marc l. 460		1 On. l. 7	3	9
9 Marc l. 517	10	23 De. l. 6	17	9
10 Marc l. 575		22 De. l. 6	11	9
11 Marc l. 632	10	21 De. l. 6	5	9
12 Marc l. 690		20 De. l. 5	19	9
13 Marc l. 747	10	19 De. l. 5	13	9
14 Marc l. 805		18 De. l. 5	7	9
15 Marc l. 862	10	17 De. l. 5	1	9
16 Marc l. 920		16 De. l. 4	15	10
17 Marc l. 977	10	15 De. l. 4	9	10
18 Marc l. 1035		14 De. l. 4	3	10
19 Marc l. 1092	10	13 De. l. 3	17	10
20 Marc l. 1150		12 De. l. 3	11	10
21 Marc l. 1207	10	11 De. l. 3	5	10
22 Marc l. 1265		10 De. l. 2	19	10
23 Marc l. 1322	10	9 De. l. 2	13	10
24 Marc l. 1380		8 De. l. 2	7	11
25 Marc l. 1437	10	7 De. l. 2	1	11
30 Marc l. 1725		6 De. l. 1	15	11
40 Marc l. 2300		5 De. l. 1	9	11
50 Marc l. 2875		4 De. l. 1	3	11
60 Marc l. 3450		3 De. l.	17	11
70 Marc l. 4025		2 De. l.	11	11
80 Marc l. 4600		1 De. l.	5	11

le Marc à l. 58.	l'Once à l. 7. 5.		
2 Marc l. 116	7 On. l. 50	15	
3 Marc l. 174	6 On. l. 43	10	
4 Marc l. 232	5 On. l. 36	5	
5 Marc l. 290	4 On. l. 29	—	
6 Marc l. 348	3 On. l. 21	15	
7 Marc l. 406	2 On. l. 14	10	
8 Marc l. 464	1 On. l. 7	5	
9 Marc l. 522	23 De. l. 6	18	11
10 Marc l. 580	22 De. l. 6	12	11
11 Marc l. 638	21 De. l. 6	6	10
12 Marc l. 696	20 De. l. 6	—	10
13 Marc l. 754	19 De. l. 5	14	9
14 Marc l. 812	18 De. l. 5	8	9
15 Marc l. 870	17 De. l. 5	2	8
16 Marc l. 928	16 De. l. 4	16	8
17 Marc l. 986	15 De. l. 4	10	7
18 Marc l. 1044	14 De. l. 4	4	7
19 Marc l. 1102	13 De. l. 3	18	6
20 Marc l. 1160	12 De. l. 3	12	6
21 Marc l. 1218	11 De. l. 3	6	5
22 Marc l. 1276	10 De. l. 3	—	5
23 Marc l. 1334	9 De. l. 2	14	4
24 Marc l. 1392	8 De. l. 2	8	4
25 Marc l. 1450	7 De. l. 2	2	3
30 Marc l. 1740	6 De. l. 1	16	3
40 Marc l. 2320	5 De. l. 1	10	2
50 Marc l. 2900	4 De. l. 1	4	2
60 Marc l. 3480	3 De. l.	18	1
70 Marc l. 4060	2 De. l.	12	1
80 Marc l. 4640	1 De. l.	6	1

le Marc à l. 58. 10.			l'Once à l. 7. 6. 3.		
2 Marc	117		7 On.	51	3	9
3 Marc	175	10	6 On.	43	17	6
4 Marc	234		5 On.	36	11	3
5 Marc	292	10	4 On.	29	5	
6 Marc	351		3 On.	21	18	9
7 Marc	409	10	2 On.	14	12	6
8 Marc	468		1 On.	7	6	3
9 Marc	526	10	23 De.	7	0	1
10 Marc	585	—	22 De.	6	14	
11 Marc	643	10	21 De.	6	7	11
12 Marc	702		20 De.	6	1	10
13 Marc	760	10	19 De.	5	15	9
14 Marc	819		18 De.	5	9	8
15 Marc	877	10	17 De.	5	3	7
16 Marc	936		16 De.	4	17	6
17 Marc	994	10	15 De.	4	11	4
18 Marc	1053		14 De.	4	5	3
19 Marc	1111	10	13 De.	3	19	2
20 Marc	1170		12 De.	3	13	1
21 Marc	1228	10	11 De.	3	7	—
22 Marc	1287		10 De.	3	0	11
23 Marc	1345	10	9 De.	2	14	10
24 Marc	1404		8 De.	2	8	9
25 Marc	1462	10	7 De.	2	2	7
30 Marc	1755		6 De.	1	16	6
40 Marc	2340		5 De.	1	10	5
50 Marc	2925		4 De.	1	4	4
60 Marc	3510		3 De.		18	3
70 Marc	4095		2 De.		12	2
80 Marc	4680		1 De.		6	1

Fractions de 6. prix different au Marc.

1 Marc l. 58	2	6	1 Marc l. 58	12	6
4 Onc. l. 29	1	3	4 Onc. l. 29	6	3
2 Onc. l. 14	10	7	2 Onc. l. 14	13	1
1 Onc. l. 7	5	3	1 Onc. l. 7	6	6
12 De. l. 3	12	7	12 De. l. 3	13	3
6 Den. l. 1	16	3	6 Den. l. 1	16	7
3 Den. l. —	18	1	3 Den. l. —	18	3
2 Den. l. —	12	1	2 Den. l. —	12	2
1 Den. l. —	6		1 Den. l. —	6	1
Demi l. —	3		Demi l. —	3	
1 Marc l. 58	5		1 Marc l. 58	15	
4 Onc. l. 29	2	6	4 Onc. l. 29	7	6
2 Onc. l. 14	11	3	2 Onc. l. 14	13	9
1 Onc. l. 7	5	7	1 Onc. l. 7	6	10
12 De. l. 3	12	9	12 De. l. 3	13	5
6 Den. l. 1	16	4	6 Den. l. 1	16	8
3 Den. l. —	18	2	3 Den. l. —	18	4
2 Den. l. —	12	1	2 Den. l. —	12	2
1 Den. l. —	6		1 Den. l. —	6	1
Demi l. —	3		Demi l. —	3	
1 Marc l. 58	7	6	1 Marc l. 58	17	6
4 Onc. l. 29	3	9	4 Onc. l. 29	8	9
2 Onc. l. 14	11	10	2 Onc. l. 14	14	4
1 Onc. l. 7	5	11	1 Onc. l. 7	7	2
12 De. l. 3	12	11	12 De. l. 3	13	7
6 Den. l. 1	16	5	6 Den. l. 1	16	9
3 Den. l. —	18	2	3 Den. l. —	18	4
2 Den. l. —	12	1	2 Den. l. —	12	
1 Den. l. —	6		1 Den. l. —	6	
Demi l. —	3		Demi l. —	3	

Fractions de 6 prix différens au Marc.

	l.	s.	d.		l.	s.	d.
1 Marc l.	59	2	6	1 Marc l.	59	12	6
4 Onc. l.	29	11	3	4 Onc. l.	29	16	3
2 Onc. l.	14	15	7	2 Onc. l.	14	18	1
1 Onc. l.	7	7	9	1 Onc. l.	7	9	—
12 De. l.	3	13	10	12 De. l.	3	14	6
6 Den. l.	1	16	11	6 Den. l.	1	17	3
3 Den. l.	—	18	5	3 Den. l.	—	18	7
2 Den. l.	—	12	3	2 Den. l.	—	12	5
1 Den. l.	—	6	1	1 Den. l.	—	6	2
Demi l.	—	3	—	Demi l.	—	3	1
1 Marc l.	59	5	—	1 Marc l.	59	15	—
4 Onc. l.	29	12	6	4 Onc. l.	29	17	6
2 Onc. l.	14	16	3	2 Onc. l.	14	18	9
1 Onc. l.	7	8	1	1 Onc. l.	7	9	4
12 De. l.	3	14	—	12 De. l.	3	14	8
6 Den. l.	1	17	—	6 Den. l.	1	17	4
3 Den. l.	—	18	6	3 Den. l.	—	18	8
2 Den. l.	—	12	4	2 Den. l.	—	12	5
1 Den. l.	—	6	2	1 Den. l.	—	6	2
Demi l.	—	3	1	Demi l.	—	3	1
1 Marc l.	59	7	6	1 Marc l.	59	17	6
4 Onc. l.	29	13	9	4 Onc. l.	29	18	9
2 Onc. l.	14	16	10	2 Onc. l.	14	19	4
1 Onc. l.	7	8	5	1 Onc. l.	7	9	8
12 De. l.	3	14	2	12 De. l.	3	14	10
6 Den. l.	1	17	1	6 Den. l.	1	17	5
3 Den. l.	—	18	6	3 Den. l.	—	18	8
2 Den. l.	—	12	4	2 Den. l.	—	12	5
1 Den. l.	—	6	2	1 Den. l.	—	6	2
Demi l.	—	3	1	Demi l.	—	3	1

le Marc à l. 59.		l'Onc. à l. 7. 7. 6.d.		
2 Marc l	118	7 On.	51	12	6
3 Marc l	177	6 on.	44	5	—
4 Marc l	236	5 on.	36	17	6
5 Marc l	295	4 on.	29	10	—
6 Marc l	354	3 on.	22	2	6
7 Marc l	413	2 on.	14	15	—
8 Marc l	472	1 on.	7	7	6
9 Marc l	531	23 de.	7	1	3
10 Marc l	590	22 de.	6	15	2
11 Marc l	649	21 de.	6	9	—
12 Marc l	708	20 de.	6	2	11
13 Marc l	767	19 de.	5	16	9
14 Marc l	826	18 de.	5	10	7
15 Marc l	885	17 de.	5	4	5
16 Marc l	944	16 de.	4	13	4
17 Marc l	1003	15 de.	4	12	2
18 Marc l	1062	14 de.	4	6	—
19 Marc l	1121	13 de.	3	19	10
20 Marc l	1180	12 de.	3	13	9
21 Marc l	1239	11 de.	3	7	7
22 Marc l	1298	10 de.	3	1	5
23 Marc l	1357	9 de.	2	15	3
24 Marc l	1416	8 de.	2	9	2
25 Marc l	1475	7 de.	2	3	—
30 Marc l	1770	6 de.	1	16	10
40 Marc l	2360	5 de.	1	10	8
50 Marc l	2950	4 de.	1	4	7
60 Marc l	3540	3 de.		18	5
70 Marc l	4130	2 de.		12	3
80 Marc l	4720	1 de.		6	1

le Marc à l. 59. 10.			l'Once à l. 7. 8. 9. d.		
2 marc	119		7 on.	52	1	3
3 marc	178	10	6 on.	44	12	6
4 marc	238		5 on.	37	3	9
5 marc	297	10	4 on.	29	15	—
6 marc	357		3 on.	22	6	3
7 marc	416	10	2 on.	14	17	6
8 marc	476		1 on.	7	8	9
9 marc	535	10 —	23 de.	7	2	6
10 marc	595		22 de.	6	16	4
11 marc	654	10	21 de.	6	10	1
12 marc	714		20 de.	6	3	11
13 marc	773	10	19 de.	5	17	9
14 marc	833		18 de.	5	11	6
15 marc	892	10	17 de.	5	5	4
16 marc	952		16 de.	4	19	2
17 marc	1011	10	15 de.	4	12	11
18 marc	1071		14 de.	4	6	9
19 marc	1130	10	13 de.	4	—	6
20 marc	1190		12 de.	3	14	4
21 marc	1249	10	11 de.	3	8	2
22 marc	1309		10 de.	3	1	11
23 marc	1368	10	9 de.	2	15	9
24 marc	1428		8 de.	2	9	7
25 marc	1487	10	7 de.	2	3	4
30 marc	1785		6 de.	1	17	2
40 marc	2380		5 de.	1	10	11
50 marc	2975		4 de.	1	4	9
60 marc	3570		3 de.		18	7
70 marc	4165		2 de.		12	4
80 marc	4760		1 de.		6	2

le Marc à l. 60		l'Once à l. 7. 10.		
2 marc l	120	7 on. l	52	10
3 marc l	180	6 on. l	45	—
4 marc l	240	5 on. l	37	10
5 marc l	300	4 on. l	30	—
6 marc l	360	3 on. l	22	10
7 marc l	420	2 on. l	15	—
8 marc l	480	1 on. l	7	10
9 marc l	540	23 de. l	7 3	9
10 marc l	600	22 de. l	6 17	6
11 marc l	660	21 de. l	6 11	3
12 marc l	720	20 de. l	6 5	—
13 marc l	780	19 de. l	5 18	9
14 marc l	840	18 de. l	5 12	6
15 marc l	900	17 de. l	5 6	3
16 marc l	960	16 de. l	5	—
17 marc l	1020	15 de. l	4 13	9
18 marc l	1080	14 de. l	4 7	6
19 marc l	1140	13 de. l	4 1	3
20 marc l	1200	12 de. l	3 15	—
21 marc l	1260	11 de. l	3 8	9
22 marc l	1320	10 de. l	3 2	6
23 marc l	1380	9 de. l	2 16	3
24 marc l	1440	8 de. l	2 10	—
25 marc l	1500	7 de. l	2 3	9
30 marc l	1800	6 de. l	1 17	6
40 marc l	2400	5 de. l	1 11	3
50 marc l	3000	4 de. l	1 5	—
60 marc l	3600	3 de. l	18	9
70 marc l	4200	2 de. l	12	6
80 marc l	4800	1 de. l	6	3

le Marc à l. 60. 10. l'Once à l. 7. 15. 3. d.

	l.	s.			l.	s.	d.
2 marc	121			7 On.	52	18	9
3 marc	181	10		6 on.	45	7	6
4 marc	242			5 on.	37	16	3
5 marc	302	10		4 on.	30	5	
6 marc	363			3 on.	22	13	9
7 marc	423	10		2 on.	15	2	6
8 marc	484			1 on.	7	11	3
9 marc	544	10		23 de.	7	4	11
10 marc	605			22 de.	6	18	7
11 marc	665	10		21 de.	6	12	4
12 marc	726			20 de.	6	6	
13 marc	786	10		19 de.	5	19	8
14 marc	847			18 de.	5	13	5
15 marc	907	10		17 de.	5	7	1
16 marc	968			16 de.	5		10
17 marc	1028	0		15 de.	4	14	6
18 marc	1089			14 de.	4	8	2
19 marc	1149	10		13 de.	4	1	10
20 marc	1210			12 de.	3	15	7
21 marc	1270	10		11 de.	3	9	3
22 marc	1331			10 de.	3	3	
23 marc	1391	10		9 de.	2	16	8
24 marc	1452			8 de.	2	10	5
25 marc	1512	10		7 de.	2	4	1
30 marc	1815			6 de.	1	17	9
40 marc	2420			5 de.	1	11	6
50 marc	3025			4 de.	1	5	2
60 marc	3630			3 de.		18	10
70 marc	4235			2 de.		12	7
80 marc	4840			1 de.		6	3

Fractions de 6. pris different au Marc.

1 Marc l. 60	2	6	1 Marc l. 60	12	6
4 Onc. l. 30	1	3	4 Onc. l. 30	6	3
2 Onc. l. 15	—	7	2 Onc. l. 15	3	3
1 Onc. l. 7	10	3	1 Onc. l. 7	11	6
12 De. l. 3	15	1	12 De. l. 3	15	9
6 Den. l. 1	17	6	6 Den. l. 1	17	10
3 Den. l. —	18	9	3 Den. l. —	18	11
2 Den. l. —	12	6	2 Den. l. —	12	7
1 Den. l. —	6	3	1 Den. l. —	6	3
Demi l. —	3	1	Demi l. —	3	1
1 Marc l. 60	5	—	1 Marc l. 60	15	—
4 Onc. l. 30	2	6	4 Onc. l. 30	7	6
2 Onc. l. 15	1	3	2 Onc. l. 15	3	9
1 Onc. l. 7	10	7	1 Onc. l. 7	12	10
12 De. l. 3	15	3	12 De. l. 3	15	11
6 Den. l. 1	17	7	6 Den. l. 1	17	11
3 Den. l. —	18	9	3 Den. l. —	18	11
2 Den. l. —	12	6	2 Den. l. —	12	7
1 Den. l. —	6	3	1 Den. l. —	6	3
Demi l. —	3	1	Demi l. —	3	1
1 Marc l. 60	7	6	1 Marc l. 60	17	6
4 Onc. l. 30	3	9	4 Onc. l. 30	8	9
2 Onc. l. 15	1	10	2 Onc. l. 15	4	4
1 Onc. l. 7	10	11	1 Onc. l. 7	12	2
12 De. l. 3	15	5	12 De. l. 3	16	1
6 Den. l. 1	17	8	6 Den. l. 1	18	—
3 Den. l. —	18	10	3 Den. l. —	19	—
2 Den. l. —	12	6	2 Den. l. —	12	8
1 Den. l. —	6	3	1 Den. l. —	6	4
Demi l. —	3	1	Demi l. —	3	2

Fractions de 6. prix different au Marc.

1 Marc l.	61	2	6	1 Marc l. 61	12	6
4 Onc. l.	30	11	3	4 Onc. l. 30	16	3
2 Onc. l.	15	5	7	2 Onc. l. 15	8	1
1 Onc. l.	7	12	9	1 Onc. l. 7	14	—
12 De. l.	3	16	4	12 De. l. 3	17	—
6 Den. l.	1	18	2	6 Den. l. 1	18	6
3 Den. l.	—	19	1	3 Den. l. —	19	3
2 Den. l.	—	12	8	2 Den. l. —	12	10
1 Den. l.	—	6	4	1 Den. l. —	6	5
Demi l.	—	3	2	Demi l. —	3	2
1 Marc l.	61	5	—	1 Marc l. 61	15	—
4 Onc. l.	30	12	6	4 Onc. l. 30	17	6
2 Onc. l.	15	6	3	2 Onc. l. 15	8	9
1 Onc. l.	7	13	1	1 Onc. l. 7	14	4
12 De. l.	3	16	6	12 De. l. 3	17	2
6 Den. l.	1	18	3	6 Den. l. 1	18	7
3 Den. l.	—	19	1	3 Den. l. —	19	3
2 Den. l.	—	12	9	2 Den. l. —	12	10
1 Den. l.	—	6	4	1 Den. l. —	6	5
Demi l.	—	3	2	Demi l. —	3	2
1 Marc l.	61	7	6	1 Marc l. 61	17	6
4 Onc. l.	30	13	9	4 Onc. l. 30	18	9
2 Onc. l.	15	6	10	2 Onc. l. 15	9	4
1 Onc. l.	7	13	5	1 Onc. l. 7	14	8
12 De. l.	3	16	8	12 De. l. 3	17	4
6 Den. l.	1	18	4	6 Den. l. 1	18	8
3 Den. l.	—	19	2	3 Den. l. —	19	4
2 Den. l.	—	12	9	2 Den. l. —	12	10
1 Den. l.	—	6	4	1 Den. l. —	6	5
Demi l.	—	3	2	Demi l. —	3	2

le Marc à l. 61.		l'Once à l. 17. 12. 6.		
2 Marc l.	122	7 On. l. 53	7	6
3 Marc l.	183	6 On. l. 45	15	—
4 Marc l.	244	5 On. l. 38	2	6
5 Marc l.	305	4 On. l. 30	10	—
6 Marc l.	366	3 On. l. 22	17	6
7 Marc l.	427	2 On. l. 15	5	—
8 Marc l.	488	1 On. l. 7	12	6
9 Marc l.	549	23 De. l. 7	6	1
10 Marc l.	610	22 De. l. 6	19	9
11 Marc l.	671	21 De. l. 6	13	5
12 Marc l.	732	20 De. l. 6	7	1
13 Marc l.	793	19 De. l. 6	—	8
14 Marc l.	854	18 De. l. 5	14	4
15 Marc l.	915	17 De. l. 5	8	—
16 Marc l.	976	16 De. l. 5	1	8
17 Marc l.	1037	15 De. l. 4	15	3
18 Marc l.	1098	14 De. l. 4	8	11
19 Marc l.	1159	13 De. l. 4	2	7
20 Marc l.	1220	12 De. l. 3	16	3
21 Marc l.	1281	11 De. l. 3	9	10
22 Marc l.	1342	10 De. l. 3	3	6
23 Marc l.	1403	9 De. l. 2	17	2
24 Marc l.	1464	8 De. l. 2	10	10
25 Marc l.	1525	7 De. l. 2	4	5
30 Marc l.	1830	6 De. l. 1	18	1
40 Marc l.	2440	5 De. l. 1	11	9
50 Marc l.	3050	4 De. l. 1	5	5
60 Marc l.	3660	3 De. l. —	19	—
70 Marc l.	4270	2 De. l. —	12	8
80 Marc l.	4880	1 De. l. —	6	4

le Marc à l. 61. 10. l'Once à l. 7. 13. 9. d.

2 Marc l.	123		7 On. l.	53	16	3
3 Marc l.	184	10	6 On. l.	46	2	6
4 Marc l.	246		5 On. l.	38	8	9
5 Marc l.	307	10	4 On. l.	30	15	
6 Marc l.	369		3 On. l.	23	1	3
7 Marc l.	430	10	2 On. l.	15	7	6
8 Marc l.	492		1 On. l.	7	13	9
9 Marc l.	553	10	23 De. l.	7	7	4
10 Marc l.	615		22 De. l.	7	—	11
11 Marc l.	676	10	21 De. l.	6	14	6
12 Marc l.	738		20 De. l.	6	8	1
13 Marc l.	799	10	19 De. l.	6	1	8
14 Marc l.	861		18 De. l.	5	15	3
15 Marc l.	922	10	17 De. l.	5	8	10
16 Marc l.	984		16 De. l.	5	2	6
17 Marc l.	1045	10	15 De. l.	4	16	1
18 Marc l.	1107		14 De. l.	4	9	8
19 Marc l.	1168	10	13 De. l.	4	3	3
20 Marc l.	1230		12 De. l.	3	16	10
21 Marc l.	1291	10	11 De. l.	3	10	5
22 Marc l.	1353		10 De. l.	3	4	—
23 Marc l.	1414	10	9 De. l.	2	17	7
24 Marc l.	1476		8 De. l.	2	11	3
25 Marc l.	1537	10	7 De. l.	2	4	10
30 Marc l.	1845		6 De. l.	1	18	5
40 Marc l.	2460		5 De. l.	1	12	—
50 Marc l.	3075		4 De. l.	1	5	7
60 Marc l.	3690		3 De. l.		19	2
70 Marc l.	4305		2 De. l.		12	9
80 Marc l.	4920		1 De. l.		6	4

le Marc à l. 62.	l'Once à l. 7. 15.		
2 Mar l. 124	7 On. l. 54	5	
3 Mar l. 186	6 On. l. 46	10	
4 Mar l. 248	5 On. l. 38	15	
5 Mar l. 310	4 On. l. 31	—	
6 Mar l. 372	3 On. l. 23	5	
7 Mar l. 434	2 On. l. 15	10	
8 Mar l. 496	1 On. l. 7	15	
9 Mar l. 558	23 De. l. 7	8	6
10 Mar l. 620	22 De. l. 7	2	1
11 Mar l. 682	21 De. l. 6	15	7
12 Mar l. 744	20 De. l. 6	9	2
13 Mar l. 806	19 De. l. 6	2	8
14 Mar l. 868	18 De. l. 5	16	3
15 Mar l. 930	17 De. l. 5	9	9
16 Mar l. 992	16 De. l. 5	3	4
17 Mar l. 1054	15 De. l. 4	16	10
18 Mar l. 1116	14 De. l. 4	10	5
19 Mar l. 1178	13 De. l. 4	3	11
20 Mar l. 1240	12 De. l. 3	17	6
21 Mar l. 1302	11 De. l. 3	11	—
22 Mar l. 1364	10 De. l. 3	4	7
23 Mar l. 1426	9 De. l. 2	18	1
24 Mar l. 1488	8 De. l. 2	11	8
25 Mar l. 1550	7 De. l. 2	5	2
30 Mar l. 1860	6 De. l. 1	18	9
40 Mar l. 2480	5 De. l. 1	12	3
50 Mar l. 3100	4 De. l. 1	5	10
60 Mar l. 3720	3 De. l.	19	4
70 Mar l. 4340	2 De. l.	12	11
80 Mar l. 4960	1 De. l.	6	5

le Marc à l. 62. 10. l'Once à l. 7. 16. 3.

2 Marc	125		7 On.	54	13	9
3 Marc	187	10	6 On.	46	17	6
4 Marc	250		5 On.	39	1	3
5 Marc	312	10	4 On.	31	5	
6 Marc	375		3 On.	23	8	9
7 Marc	437	10	2 On.	15	12	6
8 Marc	500		1 On.	7	16	3
9 Marc	562	10	23 De.	7	9	8
10 Marc	625	—	22 De.	7	3	2
11 Marc	687	10	21 De.	6	16	8
12 Marc	750		20 De.	6	10	2
13 Marc	812	10	19 De.	6	3	8
14 Marc	875		18 De.	5	17	2
15 Marc	937	10	17 De.	5	10	8
16 Marc	1000		16 De.	5	4	2
17 Marc	1062	10	15 De.	4	17	7
18 Marc	1125		14 De.	4	11	1
19 Marc	1187	10	13 De.	4	4	7
20 Marc	1250		12 De.	3	18	1
21 Marc	1312	10	11 De.	3	11	7
22 Marc	1375		10 De.	3	5	1
23 Marc	1437	10	9 De.	2	18	7
24 Marc	1500		8 De.	2	12	2
25 Marc	1562	10	7 De.	2	5	6
30 Marc	1875		6 De.	1	19	0
40 Marc	2500		5 De.	1	12	6
50 Marc	3125		4 De.	1	6	0
60 Marc	3750		3 De.		19	6
70 Marc	4375		2 De.		13	0
80 Marc	5000		1 De.		6	6

Fractions de 6. prix different au Marc.

1 Marc l. 62	2	6	1 Marc l. 62	12	6
4 Onc. l. 31	1	3	4 Onc. l. 31	6	3
2 Onc. l. 15	10	7	2 Onc. l. 15	13	1
1 Onc. l. 7	15	3	1 Onc. l. 7	16	6
12 De. l. 3	17	7	12 De. l. 3	18	3
6 Den. l. 1	18	9	6 Den. l. 1	19	1
3 Den. l. —	19	4	3 Den. l. —	19	6
2 Den. l. —	12	11	2 Den. l. —	13	—
1 Den. l. —	6	5	1 Den. l. —	6	6
Demi l. —	3	2	Demi l. —	3	3
1 Marc l. 62	5	—	1 Marc l. 62	15	—
4 Onc. l. 31	2	6	4 Onc. l. 31	7	6
2 Onc. l. 15	11	3	2 Onc. l. 15	13	9
1 Onc. l. 7	15	7	1 Onc. l. 7	16	10
12 De. l. 3	17	9	12 De. l. 3	18	5
6 Den. l. 1	18	10	6 Den. l. 1	19	2
3 Den. l. —	19	5	3 Den. l. —	19	7
2 Den. l. —	12	11	2 Den. l. —	13	—
1 Den. l. —	6	5	1 Den. l. —	6	6
Demi l. —	3	2	Demi l. —	3	3
1 Marc l. 62	7	6	1 Marc l.	17	6
4 Onc. l. 31	3	9	4 Onc. l. 31	8	9
2 Onc. l. 15	11	10	2 Onc. l. 15	14	4
1 Onc. l. 7	15	11	1 Onc. l. 7	17	2
12 De. l. 3	17	11	12 De. l. 3	18	7
6 Den. l. 1	18	11	6 Den. l. 1	19	3
3 Den. l. —	19	5	3 Den. l. —	19	7
2 Den. l. —	12	11	2 Den. l. —	13	1
1 Den. l. —	6	5	1 Den. l. —	6	6
Demi l. —	3	2	Demi l. —	3	3

Fractions de 6 prix différens au Marc.

	l.	s.	d.		l.	s.	d.
1 Marc l. 63		2	6	1 Marc l. 63		12	6
4 Onc. l. 31		11	3	4 Onc. l. 31		16	3
2 Onc. l. 15		15	7	2 Onc. l. 15		18	1
1 Onc. l. 7		17	9	1 Onc. l. 7		19	—
12 De. l. 3		18	10	12 De. l. 3		19	6
6 Den. l. 1		19	5	6 Den. l. 1		19	9
3 Den. l. —		19	8	3 Den. l. —		19	10
2 Den. l. —		13	1	2 Den. l. —		13	3
1 Den. l. —		6	6	1 Den. l. —		6	7
Demi l. —		3	3	Demi l. —		3	3
1 Marc l. 63		5	—	1 Marc l. 63		15	—
4 Onc. l. 31		12	6	4 Onc. l. 31		17	6
2 Onc. l. 15		16	3	2 Onc. l. 15		18	9
1 Onc. l. 7		18	1	1 Onc. l. 7		19	4
12 De. l. 3		19	—	12 De. l. 3		19	8
6 Den. l. 1		19	6	6 Den. l. 1		19	10
3 Den. l. —		19	9	3 Den. l. —		19	11
2 Den. l. —		13	2	2 Den. l. —		13	3
1 Den. l. —		6	7	1 Den. l. —		6	7
Demi l. —		3	3	Demi l. —		3	3
1 Marc l. 63		7	6	1 Marc l. 63		17	6
4 Onc. l. 31		13	9	4 Onc. l. 31		18	9
2 Onc. l. 15		16	10	2 Onc. l. 15		19	4
1 Onc. l. 7		18	5	1 Onc. l. 7		19	8
12 De. l. 3		19	2	12 De. l. 3		19	10
6 Den. l. 1		19	7	6 Den. l. 1		19	11
3 Den. l. —		19	9	3 Den. l. —		19	11
2 Den. l. —		13	2	2 Den. l. —		13	3
1 Den. l. —		6	7	1 Den. l. —		6	7
Demi l. —		3	0	Demi l. —		3	3

le Marc à l. 63.	l'Onc. à l. 7. 17. 6 d.		
2 Marc l 126	7 On 55	2	6
3 Marc l 189	6 on. 47		
4 Marc l 252	5 on. 39		6
5 Marc l 315	4 on. 31	10	
6 Marc l 378	3 on. 23	12	6
7 Marc l 441	2 on. 15	15	
8 Marc l 504	1 on. 7	17	6
9 Marc l 567	23 de. 7	10	
10 Marc l 630	22 de. 7	4	4
11 Marc l 693	21 de. 6		9
12 Marc l 756	20 de. 6		
13 Marc l 819	19 de. 6	4	8
14 Marc l 882	18 de. 5	18	
15 Marc l 945	17 de. 5	11	6
16 Marc l 1008	16 de. 5	5	
17 Marc l 1071	15 de. 4	18	4
18 Marc l 1134	14 de. 4	11	11
19 Marc l 1197	13 de. 4	5	3
20 Marc l 1260	12 de. 3	18	9
21 Marc l 1323	11 de. 3	12	2
22 Marc l 1386	10 de. 3	5	7
23 Marc l 1449	9 de. 2	19	
24 Marc l 1512	8 de. 2	12	6
25 Marc l 1575	7 de. 2	5	11
30 Marc l 1890	6 de. 1	19	4
40 Marc l 2520	5 de. 1	12	9
50 Marc l 3150	4 de. 1	6	3
60 Marc l 3780	3 de.	19	8
70 Marc l 4410	2 de.	13	1
80 Marc l 5040	1 de.	6	6

le Marc à l. 63. 10.			l'Once à l. 7. 18. 9. d.			
2 marc l.	127		7 on. l.	55	11	3
3 marc l.	190	10	6 on. l.	47	12	6
4 marc l.	254		5 on. l.	39	13	9
5 marc l.	317	10	4 on. l.	31	15	—
6 marc l.	381		3 on. l.	23	16	3
7 marc l.	444	10	2 on. l.	15	17	6
8 marc l.	508		1 on. l.	7	18	9
9 marc l.	571	10	23 de. l.	7	12	—
10 marc l.	635		22 de. l.	7	5	5
11 marc l.	698	10	21 de. l.	6	18	10
12 marc l.	762		20 de. l.	6	12	2
13 marc l.	825	10	19 de. l.	6	5	7
14 marc l.	889		18 de. l.	5	19	—
15 marc l.	952	10	17 de. l.	5	12	4
16 marc l.	1016		16 de. l.	5	5	9
17 marc l.	1079	10	15 de. l.	4	19	2
18 marc l.	1143		14 de. l.	4	12	6
19 marc l.	1206	10	13 de. l.	4	5	11
20 marc l.	1270		12 de. l.	3	19	4
21 marc l.	1333	10	11 de. l.	3	12	8
22 marc l.	1397		10 de. l.	3	6	1
23 marc l.	1460	10	9 de. l.	2	19	6
24 marc l.	1524		8 de. l.	2	12	10
25 marc l.	1587	10	7 de. l.	2	6	3
30 marc l.	1905		6 de. l.	1	19	8
40 marc l.	2540		5 de. l.	1	13	—
50 marc l.	3175		4 de. l.	1	6	5
60 marc l.	3810		3 de. l.		19	10
70 marc l.	4445		2 de. l.		13	2
80 marc l.	5080		1 de. l.		6	7

le Marc à l. 64	l'Once à l. 8.
2 marc l 128	7 on. l 56
3 marc l 192	6 on. l 48
4 marc l 256	5 on. l 40
5 marc l 320	4 on. l 32
6 marc l 384	3 on. l 24
7 marc l 448	2 on. l 16
8 marc l 512	1 on. l 8
9 marc l 576	23 de. l 7 13 4
10 marc l 640	22 de. l 7 6 8
11 marc l 704	21 de. l 7
12 marc l 768	20 de. l 6 13 4
13 marc l 832	19 de. l 6 6 8
14 marc l 896	18 de. l 6
15 marc l 960	17 de. l 5 13 4
16 marc l 1024	16 de. l 5 6 8
17 marc l 1088	15 de. l 5
18 marc l 1152	14 de. l 4 13 4
19 marc l 1216	13 de. l 4 6 8
20 marc l 1280	12 de. l 4
21 marc l 1344	11 de. l 3 13 4
22 marc l 1408	10 de. l 3 6 8
23 marc l 1472	9 de. l 3
24 marc l 1536	8 de. l 2 13 4
25 marc l 1600	7 de. l 2 6 8
30 marc l 1920	6 de. l 2
40 marc l 2560	5 de. l 1 13 4
50 marc l 3200	4 de. l 1 6 8
60 marc l 3840	3 de. l 1
70 marc l 4480	2 de. l 13 4
80 marc l 5120	1 de. l 6 8

le Marc à l. 64. 10. l'Once à l. 8. 1. 3. d.

2 marc l	129		7 On	56	8	9
3 marc l	193	10	6 on.	48	7	6
4 marc l	258		5 on.	40	6	3
5 marc l	322	0	4 on.	32	5	—
6 marc l	387		3 on.	24	3	9
7 marc l	451	10	2 on.	16	2	6
8 marc l	516		on.	8	1	3
9 marc l	580	10	23 de. l	7	14	6
10 marc l	645		22 de. l	7	7	9
11 marc l	709	10	21 de. l	7	1	1
12 marc l	774		20 de. l	6	14	4
13 marc l	838	10	19 de. l	6	7	8
14 marc l	903		18 de. l	6	—	11
15 marc l	967	10	17 de. l	5	14	2
16 marc l	1032		16 de. l	5	7	6
17 marc l	1096	0	15 de. l	5	—	9
18 marc l	1161		14 de. l	4	14	0
19 marc l	1225	10	13 de. l	4	7	4
20 marc l	1290		12 de. l	4	—	7
21 marc l	1354	10	11 de. l	3	13	10
22 marc l	1419		10 de. l	3	7	2
23 marc l	1483	10	9 de. l	3	—	5
24 marc l	1548		8 de. l	2	13	9
25 marc l	1612	10	7 de. l	2	7	0
30 marc l	1935		6 de. l	2	—	3
40 marc l	2580		5 de. l	1	13	7
50 marc l	3225		4 de. l	1	6	10
60 marc l	3870		3 de. l	1	—	1
70 marc l	4515		2 de. l		13	5
80 marc l	5160		1 de. l		6	8

Fractions de 6. pris different au Marc.

1 Marc l. 64	2	6	1 Marc l. 64	2	6
4 Onc. l. 32	1	3	4 Onc. l. 32	6	3
2 Onc. l. 16	—	7	2 Onc. l. 16	3	1
1 Onc. l. 8	—	3	1 Onc. l. 8	1	6
12 De. l. 4	—	1	12 De. l. 4	—	9
6 Den. l. 2	—	—	6 Den. l. 2	—	4
3 Den. l. 1	—	—	3 Den. l. 1	—	2
2 Den. l. —	13	4	2 Den. l. —	13	5
1 Den. l. —	6	8	1 Den. l. —	6	8
Demi. l. —	3	4	Demi l. —	3	4
1 Marc l. 64	5	—	1 Marc l. 64	5	—
4 Onc. l. 32	2	6	4 Onc. l. 32	7	6
2 Onc. l. 16	1	3	2 Onc. l. 16	3	9
1 Onc. l. 8	—	7	1 Onc. l. 8	1	10
12 De. l. 4	—	3	12 De. l. 4	—	11
6 Den. l. 2	—	1	6 Den. l. 2	—	5
3 Den. l. 1	—	—	3 Den. l. 1	—	2
2 Den. l. —	13	4	2 Den. l. —	13	5
1 Den. l. —	6	8	1 Den. l. —	6	8
Demi. l. —	3	4	Demi l. —	3	4
1 Marc l. 64	7	6	1 Marc l. 64	7	6
4 Onc. l. 32	3	9	4 Onc. l. 32	8	9
2 Onc. l. 16	1	10	2 Onc. l. 16	4	4
1 Onc. l. 8	—	11	1 Onc. l. 8	2	2
12 De. l. 4	—	5	12 De. l. 4	1	1
6 Den. l. 2	—	2	6 Den. l. 2	—	6
3 Den. l. 1	—	1	3 Den. l. 1	—	3
2 Den. l. —	13	4	2 Den. l. —	13	—
1 Den. l. —	6	8	1 Den. l. —	6	9
Demi. l. —	3	4	Demi l. —	3	4

Fractions de 6. prix different au Marc.

1 Marc l. 65	2	6	1 Marc l. 65	12	6
4 Onc. l. 32	11	3	4 Onc. l. 32	16	3
2 Onc. l. 16	5	7	2 Onc. l. 16	8	1
1 Onc. l. 8	2	9	1 Onc. l. 8	4	—
12 De. l. 4	1	4	12 De. l. 4	2	—
6 Den. l. 2	—	8	6 Den. l. 2	1	—
3 Den. l. 1	—	4	3 Den. l. 1	—	6
2 Den. l. —	13	6	2 Den. l. —	13	8
1 Den. l. —	6	9	1 Den. l. —	6	10
Demi l. —	3	4	Demi l. —	3	5
1 Marc l. 65	5	—	1 Marc l. 65	15	—
4 Onc. l. 32	12	6	4 Onc. l. 32	17	6
2 Onc. l. 16	6	3	2 Onc. l. 16	8	9
1 Onc. l. 8	3	1	1 Onc. l. 8	4	4
12 De. l. 4	1	6	12 De. l. 4	2	2
6 Den. l. 2	—	9	6 Den. l. 2	1	1
3 Den. l. 1	—	4	3 Den. l. 1	—	6
2 Den. l. —	13	7	2 Den. l. —	13	8
1 Den. l. —	6	9	1 Den. l. —	6	10
Demi l. —	3	4	Demi l. —	3	5
1 Marc l. 65	7	6	1 Marc l. 65	17	6
4 Onc. l. 32	13	9	4 Onc. l. 32	18	9
2 Onc. l. 16	6	10	2 Onc. l. 16	9	4
1 Onc. l. 8	3	5	1 Onc. l. 8	4	8
12 De. l. 4	1	8	12 De. l. 4	2	4
6 Den. l. 2	—	10	6 Den. l. 2	1	2
3 Den. l. 1	—	5	3 Den. l. 1	—	7
2 Den. l. —	13	7	2 Den. l. —	13	8
1 Den. l. —	6	9	1 Den. l. —	6	10
Demi l. —	3	4	Demi l. —	3	5

le Marc à l. 65.	l'Once à l. 8. 2. 6.		
2 Marc l. 130	7 On. l. 56	17	6
3 Marc l. 195	6 On. l. 48	15	—
4 Marc l. 260	5 On. l. 40	12	6
5 Marc l. 325	4 On. l. 32	10	—
6 Marc l. 390	3 On. l. 24	7	6
7 Marc l. 455	2 On. l. 16	5	—
8 Marc l. 520	1 On. l. 8	2	6
9 Marc l. 585	23 De. l. 7	15	8
10 Marc l. 650	22 De. l. 7	8	11
11 Marc l. 715	21 De. l. 7	2	2
12 Marc l. 780	20 De. l. 6	15	5
13 Marc l. 845	19 De. l. 6	8	7
14 Marc l. 910	18 De. l. 6	1	10
15 Marc l. 975	17 De. l. 5	15	1
16 Marc l. 1040	16 De. l. 5	8	4
17 Marc l. 1105	15 De. l. 5	1	6
18 Marc l. 1170	14 De. l. 4	14	9
19 Marc l. 1235	13 De. l. 4	8	—
20 Marc l. 1300	12 De. l. 4	1	3
21 Marc l. 1365	11 De. l. 3	14	3
22 Marc l. 1430	10 De. l. 3	7	8
23 Marc l. 1495	9 De. l. 3	—	11
24 Marc l. 1560	8 De. l. 2	14	2
25 Marc l. 1625	7 De. l. 2	7	4
30 Marc l. 1950	6 De. l. 2	—	7
40 Marc l. 2600	5 De. l. 1	13	10
50 Marc l. 3250	4 De. l. 1	7	1
60 Marc l. 3900	3 De. l. 1	—	3
70 Marc l. 4550	2 De. l.	15	6
80 Marc l. 5200	1 De. l.		9

le Marc à l. 65. 10. l'Once à l. 8. 3. 9. d.

2 Marc l. 131		7 On. l. 57	6	3
3 Marc l. 196	10	6 On. l. 49	2	6
4 Marc l. 262		5 On. l. 40	18	9
5 Marc l. 327	10	4 On. l. 32	15	—
6 Marc l. 393		3 On. l. 24	11	3
7 Marc l. 458	10	2 On. l. 16	7	6
8 Marc l. 524		1 On. l. 8	3	9
9 Marc l. 589	10	23 De. l. 7	16	11
10 Marc l. 655		22 De. l. 7	10	1
11 Marc l. 720	10	21 De. l. 7	3	3
12 Marc l. 786		20 De. l. 6	16	5
13 Marc l. 851	10	19 De. l. 6	9	7
14 Marc l. 917		18 De. l. 6	2	9
15 Marc l. 982	0	17 De. l. 5	15	11
16 Marc l. 1048		16 De. l. 5	9	2
17 Marc l. 1113	10	15 De. l. 5	2	4
18 Marc l. 1179		14 De. l. 4	15	6
19 Marc l. 1244	10	13 De. l. 4	8	8
20 Marc l. 1310		12 De. l. 4	1	10
21 Marc l. 1375	10	11 De. l. 3	15	—
22 Marc l. 1441		10 De. l. 3	8	2
23 Marc l. 1506	10	9 De. l. 3	1	4
24 Marc l. 1572		8 De. l. 2	14	7
25 Marc l. 1637	10	7 De. l. 2	7	9
30 Marc l. 1965		6 De. l. 2	—	11
40 Marc l. 2620		5 De. l. 1	14	1
50 Marc l. 3275		4 De. l. 1	7	3
60 Marc l. 3930		3 De. l. 1	—	5
70 Marc l. 4585		2 De. l.	13	7
80 Marc l. 5240		1 De. l.	6	9

le Marc à l. 66. l'Once à l. 8. 5.

2 Mar l. 132	7 On. l. 57	15	
3 Mar l. 198	6 On. l. 49	10	
4 Mar l. 264	5 On. l. 41	5	
5 Mar l. 330	4 On. l. 33	—	
6 Mar l. 396	3 On. l. 24	15	
7 Mar l. 462	2 On. l. 16	10	
8 Mar l. 528	1 On. l. 8	5	
9 Mar l. 594	23 De. l. 7	18	1
10 Mar l. 660	22 De. l. 7	11	3
11 Mar l. 726	21 De. l. 7	4	4
12 Mar l. 792	20 De. l. 6	17	6
13 Mar l. 858	19 De. l. 6	10	7
14 Mar l. 924	18 De. l. 6	3	9
15 Mar l. 990	17 De. l. 5	16	10
16 Mar l. 1056	16 De. l. 5	10	—
17 Mar l. 1122	15 De. l. 5	3	1
18 Mar l. 1188	14 De. l. 4	16	3
19 Mar l. 1254	13 De. l. 4	9	4
20 Mar l. 1320	12 De. l. 4	2	6
21 Mar l. 1386	11 De. l. 3	15	7
22 Mar l. 1452	10 De. l. 3	8	9
23 Mar l. 1518	9 De. l. 3	1	10
24 Mar l. 1584	8 De. l. 2	15	—
25 Mar l. 1650	7 De. l. 2	8	1
30 Mar l. 1980	6 De. l. 2	1	3
40 Mar l. 2640	5 De. l. 1	14	4
50 Mar l. 3300	4 De. l. 1	7	6
60 Mar l. 3960	3 De. l. 1	—	7
70 Mar l. 4620	2 De. l.	13	9
80 Mar l. 5280	1 De. l.	6	10

le Marc à l. 66. 10.	l'Once à l. 8. 6. 3.
2 Marc l 133	7 On. l 58 3 9
3 Marc l 199 10	6 On. 49 17 6
4 Marc l 266	5 On. l 41 11 3
5 Marc l 332 10	4 On. l 33 5
6 Marc l 399	3 On. 24 18 9
7 Marc l 465 10	2 On. l 16 12 6
8 Marc l 532	1 On. l 8 6 3
9 Marc l 598 10	23 De. 7 19 3
10 Marc l 665	22 De. 7 12 4
11 Marc l 731 10	21 De. 7 5 5
12 Marc l 798	20 De. 6 18 6
13 Marc l 864 10	19 De. 6 11 7
14 Marc l 931	18 De. 6 4 8
15 Marc l 997 10	17 De. 5 17 9
16 Marc l 1064	16 De. 5 10 10
17 Marc l 1130 10	15 De. 5 3 10
18 Marc l 1197	14 De. 4 16 11
19 Marc l 1263 10	13 De. 4 10
20 Marc l 1330	12 De. 4 3 1
21 Marc l 1396 10	11 De. 3 16 2
22 Marc l 1463	10 De. 3 9 3
23 Marc l 1529 10	9 De. 3 2 4
24 Marc l 1596	8 De. 2 15 5
25 Marc l 1662 10	7 De. 2 8 5
30 Marc l 1995	6 De. 2 1 6
40 Marc l 2660	5 De. 1 14 7
50 Marc l 3325	4 De. 1 7 8
60 Marc l 3990	3 De. 1 9
70 Marc l 4655	2 De. 13 10
80 Marc l 5320	1 De. 6 11

Fractions de 6. prix differens au Marc.

1 Marc l. 66	2	6	1 Marc l. 66	10	—	
4 Onc. l. 33	1	3	4 Onc. l. 33	5		
2 Onc. l. 16	10	7	2 Onc. l. 16	12	6	
1 Onc. l. 8	5	3	1 Onc. l. 8	6	3	
12 De. l. 4	2	7	12 De. l. 4	3	1	
6 Den. l. 2	1	3	6 Den. l. 2	1	6	
3 Den. l. 1	—	7	3 Den. l. 1	—	9	
2 Den. l. —	13	9	2 Den. l. —	13	10	
1 Den. l. —	6	10	1 Den. l. —	6	11	
Demi l. —	3	5	Demi l. —	3	5	
1 Marc l. 66	5	—	1 Marc l. 66	12	6	
4 Onc. l. 33	2	6	4 Onc. l. 33	6	3	
2 Onc. l. 16	11	3	2 Onc. l. 16	13	1	
1 Onc. l. 8	5	7	1 Onc. l. 8	6	6	
12 De. l. 4	2	9	12 De. l. 4	3	3	
6 Den. l. 2	1	4	6 Den. l. 2	1	7	
3 Den. l. 1	—	8	3 Den. l. 1	—	9	
2 Den. l. —	13	9	2 Den. l. —	13	10	
1 Den. l. —	6	10	1 Den. l. —	6	11	
Demi l. —	3	5	Demi l. —	3	5	
1 Marc l. 66	7	6	1 Marc l. 66	15	—	
4 Onc. l. 33	3	9	4 Onc. l. 33	7	6	
2 Onc. l. 16	11	10	2 Onc. l. 16	13	9	
1 Onc. l. 8	5	11	1 Onc. l. 8	6	10	
12 De. l. 4	2	11	12 De. l. 4	3	5	
6 Den. l. 2	1	5	6 Den. l. 2	1	8	
3 Den. l. 1	—	8	3 Den. l. 1	—	10	
2 Den. l. —	13	9	2 Den. l. —	13	10	
1 Den. l. —	6	10	1 Den. l. —	6	11	
Demi l. —	3	5	Demi l. —	3	5	

Fractions de 6. prix differens au Marc.

1 Marc l.	6 7	2	6	1 Marc l.	6 7	10
4 Onc. l.	33	11	3	4 Onc. l.	33	15
2 Onc. l.	16	15	7	2 Onc. l.	16	17 6
1 Onc. l.	8	7	9	1 Onc. l.	8	8 9
12 De. l.	4	3	10	12 De. l.	4	4 4
6 Den. l.	2	1	11	6 Den. l.	2	2 2
3 Den. l.	1	—	11	3 Den. l.	1	1 1
2 Den. l.	—	13	11	2 Den. l.	—	14 —
1 Den. l.	—	6	11	1 Den. l.	—	7 —
Demi. l.	—	3	5	Demi l.	—	3 6
1 Marc l.	6 7	5	—	1 Marc l.	6 7	12 6
4 Onc. l.	33	12	6	4 Onc. l.	33	16 3
2 Onc. l.	16	16	3	2 Onc. l.	16	18 1
1 Onc. l.	8	8	1	1 Onc. l.	8	9 —
12 De. l.	4	4	—	12 De. l.	4	4 6
6 Den. l.	2	2	—	6 Den. l.	2	2 3
3 Den. l.	1	1	—	3 Den. l.	1	1 1
2 Den. l.	—	14	—	2 Den. l.	—	14 1
1 Den. l.	—	7	—	1 Den. l.	—	7 —
Demi. l.	—	3	6	Demi l.	—	3 6
1 Marc l.	6 7	7	6	1 Marc l.	6 7	15 —
4 Onc. l.	33	13	9	4 Onc. l.	33	17 6
2 Onc. l.	16	16	10	2 Onc. l.	16	18 9
1 Onc. l.	8	8	5	1 Onc. l.	8	9 4
12 De. l.	4	4	2	12 De. l.	4	4 8
6 Den. l.	2	2	1	6 Den. l.	2	2 4
3 Den. l.	1	1	—	3 Den. l.	1	1 2
2 Den. l.	—	14	—	2 Den. l.	—	14 1
1 Den. l.	—	7	—	1 Den. l.	—	7 —
Demi. l.	—	3	6	Demi. l.	—	3 6

le Marc à l. 67.	l'Onc. à l. 8. 7. 6. d.		
2 Marc l 134	7 On. 58	12	6
3 Marc l 201	6 on. 50	5	—
4 Marc l 268	5 on. 41	17	6
5 Marc l 335	4 on. 33	10	—
6 Marc l 402	3 on. 25	2	6
7 Marc l 469	2 on. 16	15	—
8 Marc l 536	1 on. 8	7	6
9 Marc l 603	23 de. 8	—	6
10 Marc l 670	22 de. 7	13	6
11 Marc l 737	21 de. 7	6	6
12 Marc l 804	20 de. 6	19	7
13 Marc l 871	19 de. 6	12	7
14 Marc l 938	18 de. 6	5	7
15 Marc l 1003	17 de. 5	18	7
16 Marc l 1072	16 de. 5	11	8
17 Marc l 1139	15 de. 5	4	8
18 Marc l 1206	14 de. 4	17	8
19 Marc l 1273	13 de. 4	10	8
20 Marc l 1340	12 de. 4	3	9
21 Marc l 1407	11 de. 3	16	9
22 Marc l 1474	10 de. 3	9	9
23 Marc l 1541	9 de. 3	2	9
24 Marc l 1608	8 de. 2	15	10
25 Marc l 1675	7 de. 2	8	10
30 Marc l 2010	6 de. 2	1	10
40 Marc l 2680	5 de. 1	14	10
50 Marc l 3350	4 de. 1	7	11
60 Marc l 4020	3 de. 1	—	11
70 Marc l 4690	2 de.	13	11
80 Marc l 5360	1 de.	6	11

le Marc à l. 68.   l'Once à l. 8. 10. d.

2 marc	136	7 on.	59	10
3 marc	204	6 on.	51	—
4 marc	272	5 on.	42	10
5 marc	340	4 on.	34	—
6 marc	408	3 on.	25	10
7 marc	476	2 on.	17	—
8 marc	544	1 on.	8	10
9 marc	612	23 de.	8	2	11
10 marc	680	22 de.	7	15	10
11 marc	748	21 de.	7	8	9
12 marc	816	20 de.	7	1	8
13 marc	884	19 de.	6	14	7
14 marc	952	18 de.	6	7	6
15 marc	1020	17 de.	6	—	5
16 marc	1088	16 de.	5	13	4
17 marc	1156	15 de.	5	6	3
18 marc	1224	14 de.	4	19	2
19 marc	1292	13 de.	4	12	1
20 marc	1360	12 de.	4	5	—
21 marc	1428	11 de.	3	17	11
22 marc	1496	10 de.	3	10	10
23 marc	1564	9 de.	3	3	9
24 marc	1632	8 de.	2	16	8
25 marc	1700	7 de.	2	9	7
30 marc	2040	6 de.	2	2	6
40 marc	2720	5 de.	1	15	5
50 marc	3400	4 de.	1	8	4
60 marc	4080	3 de.	1	1	3
70 marc	4760	2 de.		14	2
80 marc	5440	1 de.		7	1

le Marc à l. 69	l'Once à l. 8.12.6		
2 marc l 138	7 on. l 60	7	6
3 marc l 207	6 on. l 51	15	
4 marc l 276	5 on. l 43	2	6
5 marc l 345	4 on. l 34	10	
6 marc l 414	3 on. l 25	17	6
7 marc l 483	2 on. l 17	5	
8 marc l 552	1 on. l 8	12	6
9 marc l 621	23 de. l 8	5	3
10 marc l 690	22 de. l 7	18	1
11 marc l 759	21 de. l 7	10	11
12 marc l 828	20 de. l 7	3	9
13 marc l 897	19 de. l 6	16	6
14 marc l 966	18 de. l 6	9	4
15 marc l 1035	17 de. l 6	2	2
16 marc l 1104	16 de. l 5	15	—
17 marc l 1173	15 de. l 5	7	9
18 marc l 1242	14 de. l 5	—	7
19 marc l 1311	13 de. l 4	13	5
20 marc l 1380	12 de. l 4	6	3
21 marc l 1449	11 de. l 3	19	—
22 marc l 1518	10 de. l 3	11	10
23 marc l 1587	9 de. l 3	4	8
24 marc l 1656	8 de. l 2	17	6
25 marc l 1725	7 de. l 2	10	3
30 marc l 2070	6 de. l 2	3	1
40 marc l 2760	5 de. l 1	15	11
50 marc l 3450	4 de. l 1	8	9
60 marc l 4140	3 de. l 1	1	6
70 marc l 4830	2 de. l	14	4
80 marc l 5520	1 de. l	7	2

le Marc à l. 70. l'Once à l. 8. 15. d.

2 marc	140	7 on.	61	5
3 marc	210	6 on.	52	10
4 marc	280	5 on.	43	15
5 marc	350	4 on.	35	—
6 marc	420	3 on.	26	5
7 marc	490	2 on.	17	10
8 marc	560	1 on.	8	15
9 marc	630	23 de.	8	7	8
10 marc	700	22 de.	8	—	5
11 marc	770	21 de.	7	13	1
12 marc	840	20 de.	7	5	10
13 marc	910	19 de.	6	18	6
14 marc	980	18 de.	6	11	3
15 marc	1050	17 de.	6	3	11
16 marc	1120	16 de.	5	16	8
17 marc	1190	15 de.	5	9	4
18 marc	1260	14 de.	5	2	1
19 marc	1330	13 de.	4	14	6
20 marc	1400	12 de.	4	7	6
21 marc	1470	11 de.	4	—	2
22 marc	1540	10 de.	3	12	11
23 marc	1610	9 de.	3	5	7
24 marc	1680	8 de.	2	18	4
25 marc	1750	7 de.	2	11	0
30 marc	2100	6 de.	2	3	9
40 marc	2800	5 de.	1	16	5
50 marc	3500	4 de.	1	9	2
60 marc	4200	3 de.	1	1	10
70 marc	4900	2 de.		14	7
80 marc	5600	1 de.		7	3

le Marc à l. 71. l'Once à l. 8. 17. 6 d.

2 Marc	l. 142	—	7 On.	l. 6	2	6
3 Marc	l. 213	—	6 On.	l. 53	5	—
4 Marc	l. 284	—	5 On.	l. 44	7	6
5 Marc	l. 355	—	4 On.	l. 35	10	—
6 Marc	l. 426	—	3 On.	l. 26	12	6
7 Marc	l. 497	—	2 On.	l. 17	15	—
8 Marc	l. 568	—	1 On.	l. 8	17	6
9 Marc	l. 639		23 De.	l. 8	10	1
10 Marc	l. 710		22 De.	l. 8	2	8
11 Marc	l. 781		21 De.	l. 7	15	3
12 Marc	l. 852		20 De.	l. 7	7	11
13 Marc	l. 923		19 De.	l. 7	0	6
14 Marc	l. 994		18 De.	l. 6	13	1
15 Marc	l. 1065		17 De.	l. 6	5	8
16 Marc	l. 1136		16 De.	l. 5	18	4
17 Marc	l. 1207		15 De.	l. 5	10	11
18 Marc	l. 1278		14 De.	l. 5	3	6
19 Marc	l. 1349		13 De.	l. 4	16	1
20 Marc	l. 1420		12 De.	l. 4	8	9
21 Marc	l. 1491		11 De.	l. 4	1	4
22 Marc	l. 1562		10 De.	l. 3	13	11
23 Marc	l. 1633		9 De.	l. 3	6	6
24 Marc	l. 1704		8 De.	l. 2	19	2
25 Marc	l. 1775		7 De.	l. 2	11	9
30 Marc	l. 2130		6 De.	l. 2	4	4
40 Marc	l. 2840		5 De.	l. 1	16	11
50 Marc	l. 3550		4 De.	l. 1	9	7
60 Marc	l. 4160		3 De.	l. 1	2	2
70 Marc	l. 4970		2 De.	l.	14	9
80 Marc	l. 5680		1 De.	2	11	8
90 Marc	l. 6390		1 De.	l.	7	4
100 Marc	l. 7100		Demi	l.	3	8
200 Marc	l. 14200		Quart	l.	1	10

P

le Marc à l. 72.	l'Once. à l. 9.		
2 Marc l. 144	7 On. l. 63		
3 Marc l. 216	6 On. l. 54		
4 Marc l. 288	5 On. l. 45		
5 Marc l. 360	4 On. l. 36		
6 Marc l. 432	3 On. l. 27		
7 Marc l. 504	2 On. l. 18		
8 Marc l. 576	1 On. l. 9		
9 Marc l. 648	23 De. l. 8	12	6
10 Marc l. 720	22 De. l. 8	5	
11 Marc l. 792	21 De. l. 7	17	6
12 Marc l. 864	20 De. l. 7	10	
13 Marc l. 936	19 De. l. 7	2	6
14 Marc l. 1008	18 De. l. 6	15	
15 Marc l. 1080	17 De. l. 6	7	6
16 Marc l. 1152	16 De. l. 6		
17 Marc l. 1224	15 De. l. 5	12	6
18 Marc l. 1296	14 De. l. 5	5	
19 Marc l. 1368	13 De. l. 4	17	6
20 Marc l. 1440	12 De. l. 4	10	
21 Marc l. 1512	11 De. l. 4	2	6
22 Marc l. 1584	10 De. l. 3	15	
23 Marc l. 1656	9 De. l. 3	7	6
24 Marc l. 1728	8 De. l. 3		
25 Marc l. 1800	7 De. l. 2	12	6
30 Marc l. 2160	6 De. l. 2	5	
40 Marc l. 2880	5 De. l. 1	17	6
50 Marc l. 3600	4 De. l. 1	10	
60 Marc l. 4320	3 De. l. 1	2	6
70 Marc l. 5040	2 De. l.	15	
80 Marc l. 5760	1 De. 2	11	3
90 Marc l. 6480	1 De. l.	7	6
100 Marc l. 7200	Demi l.	3	9
200 Marc l. 14400	Quart. l.	1	10

le Marc à l. 73. l'Once à l. 9. 2. 6 d.

2 Marc l.	146			7 On. l.	63	17	6
3 Marc l.	219			6 On. l.	54	15	
4 Marc l.	292			5 On. l.	45	12	6
5 Marc l.	365			4 On. l.	36	10	
6 Marc l.	438			3 On. l.	27	7	6
7 Marc l.	511			2 On. l.	18	5	
8 Marc l.	584			1 On. l.	9	2	6
9 Marc l.	657			23 De. l.	8	14	10
10 Marc l.	730			22 De. l.	8	7	3
11 Marc l.	803			21 De. l.	7	19	8
12 Marc l.	876			20 De. l.	7	12	1
13 Marc l.	949			19 De. l.	7	4	5
14 Marc l.	1022			18 De. l.	6	16	10
15 Marc l.	1095			17 De. l.	6	9	3
16 Marc l.	1168			16 De. l.	6	1	8
17 Marc l.	1241			15 De. l.	5	14	
18 Marc l.	1314			14 De. l.	5	6	5
19 Marc l.	1387			13 De. l.	4	18	10
20 Marc l.	1460			12 De. l.	4	11	3
21 Marc l.	1533			11 De. l.	4	3	7
22 Marc l.	1606			10 De. l.	3	16	
23 Marc l.	1679			9 De. l.	3	8	5
24 Marc l.	1752			8 De. l.	3	0	10
25 Marc l.	1825			7 De. l.	2	13	2
30 Marc l.	2190			6 De. l.	2	5	7
40 Marc l.	2920			5 De. l.	1	18	
50 Marc l.	3650			4 De. l.	1	10	5
60 Marc l.	4380			3 De. l.	1	2	9
70 Marc l.	5110			2 De. l.		15	2
80 Marc l.	5840			1 De. 2		11	4
90 Marc l.	6570			1 De. l.		7	7
100 Marc l.	7300			Demi. l.		3	9
200 Marc l.	14600			Quart l.		1	10

P ij.

le Marc à l. 74. | l'Once à l. 5. 5.

2 Marc	148	7 On.	64	15	
3 Marc	222	6 On.	55	10	
4 Marc	296	5 On.	46	5	
5 Marc	370	4 On.	37		
6 Marc	444	3 On.	27	15	
7 Marc	518	2 On.	18	10	
8 Marc	592	1 On.	9	5	
9 Marc	666	23 De.	8	17	3
10 Marc	740	22 De.	8	9	7
11 Marc	814	21 De.	8	1	10
12 Marc	888	20 De.	7	14	2
13 Marc	962	19 De.	7	6	5
14 Marc	1036	18 De.	6	18	9
15 Marc	1110	17 De.	6	11	
16 Marc	1184	16 De.	6	3	4
17 Marc	1258	15 De.	5	15	7
18 Marc	1332	14 De.	5	7	11
19 Marc	1406	13 De.	5	0	2
20 Marc	1480	12 De.	4	12	6
21 Marc	1554	11 De.	4	4	9
22 Marc	1628	10 De.	3	17	1
23 Marc	1702	9 De.	3	9	4
24 Marc	1776	8 De.	3	1	8
25 Marc	1850	7 De.	2	13	11
30 Marc	2220	6 De.	2	6	3
40 Marc	2960	5 De.	1	18	6
50 Marc	3700	4 De.	1	10	10
60 Marc	4440	3 De.	1	3	1
70 Marc	5180	2 De.		15	5
80 Marc	5920	1 De.	2	11	6
90 Marc	6660	1 De.		7	8
100 Marc	7400	Demi		3	10
200 Marc	14800	Quart		1	11

le Marc à l. 75.   l'Ono. à l. 9. 7. 6. d

Marc	livres		Onces	livres	sols	deniers
2 Marc	150		7 On.	65	12	6
3 Marc	225		6 On.	56	5	
4 Marc	300		5 On.	46	17	6
5 Marc	375		4 On.	37	10	
6 Marc	450		3 On.	28	2	6
7 Marc	525		2 On.	18	15	
8 Marc	600		1 On.	9	7	6
9 Marc	675		23 De.	8	19	8
10 Marc	750		22 De.	8	11	10
11 Marc	825		21 De.	8	4	
12 Marc	900		20 De.	7	16	3
13 Marc	975		19 De.	7	8	5
14 Marc	1050		18 De.	7	0	7
15 Marc	1125		17 De.	6	12	9
16 Marc	1200		16 De.	6	5	
17 Marc	1275		15 De.	5	17	2
18 Marc	1350		14 De.	5	9	4
19 Marc	1425		13 De.	5	1	6
20 Marc	1500		12 De.	4	13	9
21 Marc	1575		11 De.	4	5	11
22 Marc	1650		10 De.	3	18	1
23 Marc	1725		9 De.	3	10	3
24 Marc	1800		8 De.	3	2	6
25 Marc	1875		7 De.	2	14	8
30 Marc	2250		6 De.	2	6	10
40 Marc	3000		5 De.	1	19	
50 Marc	3750		4 De.	1	11	3
60 Marc	4500		3 De.	1	3	5
70 Marc	5250		2 De.		15	7
80 Marc	6000		1 De.	2	11	9
90 Marc	6750		1 De		7	9
100 Marc	7500		Demi		3	10
200 Marc	15000		Quart		1	11

le Marc à l...76.   l'Once à l. 9. 10.

2 marc	152		7 On.	66	10
3 marc	228		6 On.	57	
4 marc	304		5 On.	47	10
5 marc	380		4 On.	38	
6 marc	456		3 On.	28	10
7 marc	532		2 On.	19	
8 marc	608		1 On.	9	10
9 marc	684		23 De.	9	2	1
10 marc	760		22 De.	8	14	2
11 marc	836		21 De.	8	6	3
12 marc	912		20 De.	7	18	4
13 marc	988		19 De.	7	10	5
14 marc	1064		18 De.	7	2	6
15 marc	1140		17 De.	6	14	7
16 marc	1216		16 De.	6	6	8
17 marc	1292		15 De.	5	18	9
18 marc	1368		14 De.	5	10	10
19 marc	1444		13 De.	5	2	11
20 marc	1520		12 De.	4	15	
21 marc	1596		11 De.	4	7	1
22 marc	1672		10 De.	3	19	2
23 marc	1748		9 De.	3	11	3
24 marc	1824		8 De.	3	3	4
25 marc	1900		7 De.	2	15	5
30 marc	2280		6 De.	2	7	6
40 marc	3040		5 De.	1	19	7
50 marc	3800		4 De.	1	11	8
60 marc	4560		3 De.	1	3	9
70 marc	5320		2 De.		15	10
80 marc	6080		1 De. 2		11	10
90 marc	6840		1 De. 1		7	11
100 marc	7600		Demi		3	12
200 marc	15200		Quart		1	11

le Marc à l. 77.		l'Once à l. 9. 12. 6		
2 marc	154	7 on. l	67	7	6
3 marc	231	6 on. l	57	15	
4 marc	308	5 on. l	48	2	6
5 marc	385	4 on. l	38	10	
6 marc	462	3 on. l	28	17	6
7 marc	539	2 on. l	19	5	
8 marc	616	1 on. l	9	12	6
9 marc	693	23 de. l	9	4	5
10 marc	770	22 de. l	8	16	5
11 marc	847	21 de. l	8	8	5
12 marc	924	20 de. l	8	0	5
13 marc	1001	19 de. l	7	12	4
14 marc	1078	18 de. l	7	4	4
15 marc	1155	17 de. l	6	16	4
16 marc	1232	16 de. l	6	8	4
17 marc	1309	15 de. l	6	0	3
18 marc	1386	14 de. l	5	12	3
19 marc	1463	13 de. l	5	4	3
20 marc	1540	12 de. l	4	16	3
21 marc	1617	11 de. l	4	8	2
22 marc	1694	10 de. l	4	0	2
23 marc	1771	9 de. l	3	12	2
24 marc	1848	8 de. l	3	4	2
25 marc	1925	7 de. l	2	16	
30 marc	2310	6 de. l	2	8	
40 marc	3080	5 de. l	2	0	1
50 marc	3850	4 de. l	1	12	
60 marc	4620	3 de. l	1	4	
70 marc	5390	2 de. l		16	
80 marc	6160	1 de. 2		12	
90 marc	6930	1 de. l		8	
100 marc	7700	demi l		4	
200 marc	15400	Quart l		2	

le Marc à l. 78.		l'Once à l. 9. 15.		
2 marc	156	7 On.	68	5
3 marc	234	6 on.	58	10
4 marc	312	5 on.	48	15
5 marc	390	4 on.	39	0
6 marc	468	3 on.	29	5
7 marc	546	2 on.	19	10
8 marc	624	1 on.	9	15
9 marc	702	23 de.	9	6 10
10 marc	780	22 de.	8 18	9
11 marc	858	21 de.	8 10	7
12 marc	936	20 de.	8 2	6
13 marc	1014	19 de.	7 14	4
14 marc	1092	18 de.	7 6	3
15 marc	1170	17 de.	6 18	2
16 marc	1248	16 de.	6 10	
17 marc	1326	15 de.	6 1	10
18 marc	1404	14 de.	5 13	9
19 marc	1482	13 de.	5 5	7
20 marc	1560	12 de.	4 17	6
21 marc	1638	11 de.	4 9	4
22 marc	1716	10 de.	4 1	3
23 marc	1794	9 de.	3 13	1
24 marc	1872	8 de.	3 5	
25 marc	1950	7 de.	2 16	10
30 marc	2340	6 de.	2 8	9
40 marc	3120	5 de.	2 0	7
50 marc	3900	4 de.	1 12	6
60 marc	4680	3 de.	1 4	4
70 marc	5460	2 de.	16	3
80 marc	6240	1 de. 2	12	2
90 marc	7020	1 de. 1	8	1
100 marc	7800	demi 1	4	
200 marc	15600	Quart 1	2	

le Marc à l. 79. l'Once à l. 9. 17. 6. d.

2 marc. l	158		7 On	69	2	6
3 marc. l	237		6 on.	59	5	
4 marc. l	316		5 on.	49	7	6
5 marc. l	325		4 on.	39	10	
6 marc. l	474		3 on.	29	12	6
7 marc. l	553		2 on.	19	15	
8 marc. l	632		1 on.	9	17	6
9 marc. l	711		23 de.	9	9	3
10 marc. l	790		22 de.	9	1	
11 marc. l	869		21 de.	8	12	9
12 marc. l	948		20 de.	8	4	7
13 marc. l	1027		19 de.	7	16	4
14 marc. l	1106		18 de.	7	8	1
15 marc. l	1185		17 de.	6	19	10
16 marc. l	1264		16 de.	6	11	8
17 marc. l	1343		15 de.	6	3	5
18 marc. l	1422		14 de.	5	15	2
19 marc. l	1501		13 de.	5	6	11
20 marc. l	1580		12 de.	4	18	9
21 marc. l	1659		11 de.	4	10	6
22 marc. l	1738		10 de.	4	2	3
23 marc. l	1817		9 de.	3	14	
24 marc. l	1896		8 de.	3	5	10
25 marc. l	1975		7 de.	2	17	7
30 marc. l	2370		6 de.	2	9	4
40 marc. l	3160		5 de.	2	1	1
50 marc. l	3950		4 de.	1	12	11
60 marc. l	4740		3 de.	1	4	8
70 marc. l	5530		2 de.		16	5
80 marc. l	6320		1 de.		11	2
90 marc. l	7110		1 de.		8	
100 marc. l	7900		demi		4	
200 marc. l	15800		Quart.		2	

le Marc à 80.		l'Once à l. 10.			
2 marc.	160	7 on.	70		
3 marc.	240	6 on.	60		
4 marc.	320	5 on.	50		
5 marc.	400	4 on.	40		
6 marc.	480	3 on.	30		
7 marc.	560	2 on.	20		
8 marc.	640	1 on.	10		
9 marc.	720	23 de.	9	11	8
10 marc.	800	22 de.	9	3	4
11 marc.	880	21 de.	8	15	
12 marc.	960	20 de.	8	6	8
13 marc.	1040	19 de.	7	18	4
14 marc.	1120	18 de.	7	10	
15 marc.	1200	17 de.	7	1	8
16 marc.	1280	16 de.	6	13	4
17 marc.	1360	15 de.	6	5	
18 marc.	1440	14 de.	5	16	8
19 marc.	1520	13 de.	5	8	4
20 marc.	1600	12 de.	5		
21 marc.	1680	11 de.	4	11	8
22 marc.	1760	10 de.	4	3	4
23 marc.	1840	9 de.	3	15	
24 marc.	1920	8 de.	3	6	8
25 marc.	2000	7 de.	2	18	4
30 marc.	2400	6 de.	2	10	
40 marc.	3200	5 de.	2	1	8
50 marc.	4000	4 de.	1	13	4
60 marc.	4800	3 de.	1	5	
70 marc.	5600	2 de.		16	8
80 marc.	6400	1 de½		12	6
90 marc.	7200	1 de.		8	4
100 marc.	8000	demi		4	2
200 marc.	16000	Quart		2	1

le Marc à l. 8. 1. l'Once à l. 10. 2.

2 marc. l	16 2		7 on. l	70	17
3 marc. l	24 3		6 on. l	60	15
4 marc. l	32 4		5 on. l	50	12 6
5 marc. l	40 5		4 on. l	40	10
6 marc. l	48 6		3 on. l	30	7 6
7 marc. l	56 7		2 on. l	20	5
8 marc. l	64 8		1 on. l	10	2 6
9 marc. l	72 9		23 de. l	9	14
10 marc. l	81 0		22 de. l	9	5
11 marc. l	89 1		21 de. l	8	17
12 marc. l	97 2		20 de. l	8	8 9
13 marc. l	105 3		19 de. l	8	0
14 marc. l	113 4		18 de. l	7	13 10
15 marc. l	121 5		17 de. l	7	3
16 marc. l	129 6		16 de. l	6	15
17 marc. l	137 7		15 de. l	6	6 6
18 marc. l	145 8		14 de. l	5	18
19 marc. l	153 9		13 de. l	5	9
20 marc. l	162 0		12 de. l	5	1 2
21 marc. l	170 1		11 de. l	4	12
22 marc. l	178 2		10 de. l	4	4
23 marc. l	186 3		9 de. l	3	15
24 marc. l	194 4		8 de. l	3	7
25 marc. l	202 5		7 de. l	2	19
30 marc. l	243 0		6 de. l	2	10 7
40 marc. l	324 0		5 de. l	2	2
50 marc. l	405 0		4 de. l	1	13
60 marc. l	486 0		3 de. l	1	5
70 marc. l	567 0		2 de. l		16 10
80 marc. l	648 0		1 de. l		12 7
90 marc. l	729 0		1 de. l		
100 marc. l	810 0		Demi. l		4
200 marc. l	1620 0		Quart l		2

		l	s	d
	7 on.	0	15	
	6 on.	0	10	
	5 on.	0	5	
	4 on.	0		
492	3 on.	0	15	
574	2 on.	0	10	
656	1 on.	0	5	
738	23 le.	9	16	5
820	22 le.	9	7	11
902	21 de.	8	19	4
984	20 de.	8	10	10
1066	19 de.	8	2	5
1148	18 de.	7	13	9
1230	17 de.	7	5	2
1312	16 de.	6	16	8
1394	15 de.	6	8	1
1476	14 le.	5	19	7
1558	13 de.	5	11	
1640	12 de.	5	2	6
1722	11 de.	4	13	11
1804	10 de.	4	5	5
	9 le.	3	16	10
1968	8 de.	3	8	4
2050	7 de.	2	19	7
2160	6 de.	2	11	3
	5 de.	2	2	8
	4 de.	1	14	2
2050	3 de.	1	5	7
5740	2 de.		17	1
6560	1 de.		12	
7380	1 de.		8	
8200	demi.		4	
6470	Quart		2